Publication Manual

指南针丛书

问卷调查
论文写作：
自编、建模与差异检验

尚元东　田春艳　周向欣◎编著

U0360136

上海交通大学出版社
SHANGHAI JIAO TONG UNIVERSITY PRESS

内容提要

  本书主要介绍了问卷编制、结构方程模型入门写作、混合文件论文等三种实证论文写作方法。全书以真实数据为例进行实际演示和实证统计，并将真实数据提供给每位读者，用于训练实证研究数据统计水平。本书可作为心理学、教育学、管理学等师范专业本科生毕业论文的指导用书，也可作为年轻学者撰写学术论文的参考用书。

图书在版编目（ＣＩＰ）数据

  问卷调查论文写作：自编、建模与差异检验／尚元东，田春艳，周向欣编著. — 上海：上海交通大学出版社，2022.7(2024.8 重印)

  （指南针丛书）

  ISBN 978‐7‐313‐27923‐1

  Ⅰ.①问… Ⅱ.①尚… ②田… ③周… Ⅲ.①论文－写作 Ⅳ.①H152.3

  中国版本图书馆 CIP 数据核字(2022)第 237094 号

问卷调查论文写作：自编、建模与差异检验

WENJUAN DIAOCHA LUNWEN XIEZUO：ZIBIAN、JIANMO YU CHAYI JIANYAN

- -

编　　著：尚元东　田春艳　周向欣				
出版发行：上海交通大学出版社		地　　址：上海市番禺路 951 号		
邮政编码：200030		电　　话：021‐64071208		
印　　刷：上海万卷印刷股份有限公司		经　　销：全国新华书店		
开　　本：710mm×1000mm　1/16		印　　张：14		
字　　数：243 千字				
版　　次：2022 年 7 月第 1 版		印　　次：2024 年 8 月第 3 次印刷		
书　　号：ISBN 978‐7‐313‐27923‐1				
定　　价：58.00 元				

前　言

长久以来,很多地方高校的论文写作都是老大难问题。每年本科生和硕士生的毕业论文工作都面临诸多难题,如学生选题没价值、选题表述不清楚、选题确定后不知道怎么写。好不容易东拼西凑写出来的论文却存在逻辑混乱、表述不清楚、重复率超高等问题。身处地方普通高校,很多教师发表学术论文也是一件很艰难的事情,传统的思辨研究写作起来难度大,存在难以自圆其说、容易重复、学术价值不高等问题,因此经常被期刊拒稿。

针对毕业论文难、学术研究难的现象,应该有一种简单范式供大家入门,先熟悉科学研究规范,再精益求精提高科研水平。但是,目前关于科研写作入门的指导书相对较少,市面上的书大多侧重于对基础知识的操作步骤的介绍,比如论文应该怎么样,不应该怎么样。虽然明白了道理,可还是不会写。对于广大本科生和研究生来说,虽然明白了理论,但动手实际操作还是一筹莫展,很难写出符合毕业要求的论文。

很多学生不会使用统计软件,有些指导书还非常难懂。针对此情况,本书旨在以简洁明了的方式,让对统计望而生畏的学生也能轻松掌握实证研究。

本书从实际操作入手,较少涉及理论,读者如有需要可以购买相关理论教材和本书配套使用。相信读者读完本书并熟悉基本操作后,会发现论文写作将不再是难题,而仅仅取决于态度。

本书介绍了三种实证论文写作方法:

一是问卷编制。经条目编制、项目分析、探索性分析和验证性分析后,合格的问卷加上符合逻辑的文字形成问卷(量表)编制类论文。

二是结构方程模型(SEM)入门写作。本书重点介绍有调节的中介和链式中介的统计分析及写作过程。

三是混合问卷论文。本方法重点在于对人口学变量显著性差异的检验,适用于本科或硕士生毕业论文的写作。

全书用大量图文说明 SPSS、Amos、EndNote 等软件操作过程，通俗易懂，使不了解软件使用的人也能轻松上手，写出有价值的论文。本书可作为心理学、教育学、体育学、管理学等师范专业本科毕业论文的指导教材，也可以作为年轻学者撰写学术论文的参考工具。

全书以真实数据为基础进行实际演示和实证统计，并将真实数据提供给每位读者，用于训练实证研究数据统计水平。现代建构主义将知识分成陈述性知识和程序性知识，其中程序性知识和技能基本等同，而技能的获得离不开大量的练习。本书提供的数据，如果读者不进行实际操作的话，很难学会问卷调查法的操作精髓。

本书的特点主要体现在每种问卷调查的操作都依托于实际论文案例进行，案例来源于教师及研究生的论文写作实践。每项操作均图文并茂，生动详细，目的是降低论文写作难度，使新手也能模仿并迅速入门，在学会基本操作后，逐步深化自己的科学研究，最终开拓出个人的科学研究领域。全部论文案例均出自核心期刊和省级期刊或优秀硕士论文节选，均经过专家的评价肯定。参加编写的学生有心理健康教育硕士生董亲子、周芷同、王泽宇、朱青青等以及本科生卢培杰、孟凡书，在此一并致谢。

鉴于个人水平有限，书中难免有疏漏之处，敬请各位专家、学者及同仁不吝赐教。意见请发送到电子信箱：syd74@126.com。本书借鉴了许多核心期刊论文及网上专家的讲解，在此一并感谢！

尚元东

2021 年 6 月 17 日

目　录

第一编
问卷统计基础

专题一　问卷调查法概述

┌─ 问题导读 ──────────────────────────────┐
│   │
│ 1. 什么是问卷调查法?   │
│   │
│ 2. 问卷调查法的优缺点有哪些?   │
│   │
└──┘

　　问卷调查法是社会科学领域最常用的收集资料的方法之一。随着计算机统计软件的发展和各种问卷与量表的日益完善,问卷调查法在社会科学领域的应用越来越广泛,在学术研究领域及学位论文写作中均发挥着重要的作用。

　　问卷调查法是研究者用统一、严格设计的问卷来收集研究对象相关的心理特征和行为数据资料的一种研究方法。这是一种以邮寄、二维码分享、个别调查或集体填写的方式进行,用以研究被试的实证研究方法。

一、特点

(一)标准化程度高

　　编制科学。每个问卷的形成都要经过严格的程序,只有符合科研统计指标的问卷才能被广泛承认与应用。目前公认的自编问卷至少要经历项目分析、探索性分析和验证性分析三大程序,才能保证问卷法的科学性、准确性和有效性。每个问卷都具有目的性,只能测出该问卷囊括的特质,从而避免了研究的主观性。

　　统计标准。论文问卷数据的分析看起来简单,但做起来还存在一定的难度。很多初次使用问卷调查方法的人以为,问卷数据分析无外乎对单选题做做频率分析,看看选择不同选项的人占比有多少;对评分题目,则看看均值是多少,不同性别、年龄段的人群均值是多少。对于一般的小调查,这样粗略的分析可能就够了,但是对于学术论文中的问卷分析而言,以上所做的工作,只是其最简单的一部分,后面还有大量的工作要做。

（二）收集资料速度更快

随着互联网的流行,问卷调查法得到迅速发展,人们不到现场就可以收集所需资料。借助网络传递问卷地址,研究对象通过手机、电脑等工具,可以在很短的时间内完成资料的收集。相比于其他数据收集的方法,问卷调查法是最经济、省时、高效的研究方法之一。

二、问卷调查法的优点与缺点

（一）问卷调查法的优点

（1）有效数据比例高。因为问卷调查大多匿名进行,被试大都可以放心填写,心理压力小,回答真实性高,从而能够真实反映被试的观点和态度。

（2）处理分析速度快。问卷内容客观统一,使用统计软件处理分析方便,误差相对较小。尤其是问卷星、问卷网等的出现,比较之前省下了录入的过程。

（3）成本低。依托互联网,问卷法节省了大量人力、物力和财力,可以大规模普及进行。比起访谈、实验等方法,问卷法节约了大量成本。

（4）样本容量大,误差相对小。调查法的主试与被试接触少,相互作用可以忽略不计,因此系统误差可以减至最低。相比于以前的长量表,现在的调查问卷往专门、短小的方向发展,10—20题是目前流行量表的主流容量。这种容量的问卷调查起来非常快速,研究者很容易收集到成百上千的样本。

（二）问卷调查法的缺点

（1）灵活性差。问卷的选项通常已经固定,弹性差,不灵活,难以照顾到每个被试的差异,会引起被试的胡乱回答。

（2）指导性差,反馈难及时。主试一般不在调查现场,被试有不明白的问题时难以得到及时指导,可能会增加调查误差。有的被试对调查内容不感兴趣时,难以得到对调查内容的有效反馈。

（3）难以深入。问卷一般只调查小问题,难以深度挖掘被试的心理特征。

（4）准确率需控制。近年来在网络问卷里出现了随机发放红包的现象,这表明被试对回答问卷的态度不够积极,主试不得不采取相应手段以换得被试的认真回答,从而导致了问卷调查准确率不高的后果。

三、问卷的类型

问卷的类型,可以从不同角度进行划分,如按问题答案划分,可以分为结构式、开放式和半结构式;如按调查方式划分,可以分为自填问卷和访问问卷;如按问卷用途划分,则分为甄别问卷、调查问卷和回访问卷等。

(一)按问题答案划分

按问题答案划分,问卷可分为结构式、开放式和半结构式 3 种基本类型。

1. 结构式

这种问卷通常也被称为封闭式或闭口式。该问卷的答案是研究者在问卷上早已确定的,由回卷者认真选择一个回答画上圈或打上钩即可。这是一种限制性的问卷,被试不能随便回答,必须按照研究者的设计作答。例如:

(1)你喜欢看短视频吗?

非常不喜欢　有点不喜欢　不确定　有点喜欢　非常喜欢

(2)你对网络喷子深恶痛绝吗?

是　无所谓　不是

2. 开放式

这种问卷通常也被称为开口式。该问卷不设置固定的答案,让回卷者自由发挥。开放式并不是真正没有结构,只是结构较少或较松。相比于结构式问卷,开放式问卷可以自由回答,更适合收集不同意见。在自编问卷初期最适合使用开放式问卷收集问卷内容。例如:

你对小学生课后玩手机的态度是＿＿＿＿＿＿＿＿＿＿

3. 半结构式

这种问卷介于结构式和开放式两者之间,问题的答案既有固定的、标准的,也有让回卷者自由发挥的,吸取了两者的长处。这类问卷在实际调查中运用比较广泛。

(二)按调查方式划分

按调查方式分,问卷可分为自填问卷和访问问卷。自填问卷是由被访者自己填答的问卷。访问问卷是访问员通过采访被采访者,由访问员填答的问卷。自填问卷由于发送的方式不同又分为发送问卷和邮寄问卷两类。发送问卷是由调查员直接将问卷送到被访者手中,并由调查员直接回收的调查形式。邮寄问卷是由调查单位直接邮寄给被访者,被访者自己填答后,再邮寄回调查单位的调查形式。

这两种调查形式的特点是访问问卷的回收率最高,填答的结果也最可靠,但是成本高,费时长,这种问卷的回收率最高可达100%。自填问卷回收率低,调查过程不能被控制,因此可信性与有效性都较低,而且回收率低会导致样本出现偏差,影响样本对总体的判断。一般来讲,邮寄问卷的回收率在一半左右即可;发送式自填问卷的优缺点介于上述两者之间,回收率要求在2/3以上。

(三) 按问卷用途划分

按问卷用途来分,问卷调查尤其是市场调查的问卷调查,包括3种类型的问卷,即甄别问卷、调查问卷和回访问卷(复核问卷)。

1. 甄别问卷

甄别问卷是为了保证调查的被访者确实是被调查产品的目标消费者而设计的一组问题。它一般包括对个体自然状态变量的排除、对产品适用性的排除、对产品使用频率的排除、对产品评价有特殊影响状态的排除和对调查拒绝的排除5个方面。

2. 调查问卷

调查问卷是问卷调查最基本的方面,也是研究的主体形式。任何调查,可以没有甄别问卷,也可以没有复核问卷,但是必须有调查问卷,因为它是分析的基础。

3. 回访问卷

回访问卷,又称复核问卷,是指为了检查调查员是否按照访问要求进行调查而设计的一种监督形式问卷。它是由卷首语、甄别问卷的所有问题和调查问卷中的一些关键性问题所组成。

专题二 常用软件安装与操作

> **问题导读**
>
> 1. 问卷调查需要用到哪些软件？
> 2. 这些软件的功能可以应用到论文写作的什么地方？

心理与教育实证论文写作入门级涉及的常用软件有 SPSS（信度、T 检验、方差分析、回归、因子分析等），Amos（验证性因子分析）、EndNote（文献管理）、Snipaste（屏幕截图）、Process（模型分析）等。本书所介绍的软件均基于 Windows 操作系统。

一、SPSS 22.0 软件的安装

1. 安装前的准备

Windows 系统为家庭版时（右键点击我的电脑，选择属性，会弹出查看有关计算机的基本信息，上面列有操作系统版本），SPSS 软件一般无法运行，因为缺乏数据库支持或安装服务未启用，造成 SPSS 运行出错，表现为"应用程序并行的配置不正确"的提示。这时电脑系统需要做两方面的准备工作，一是要有 Microsoft Visual C++数据库的支持；二是要启用 Windows Modules Installer 服务。

解决方法：首先删除已安装的 SPSS 软件，然后下载 Microsoft Visual C++数据库并照提示安装。查看是否顺利安装可以点击"开始—控制面板—程序和功能"，当出现如图 2-1 所示，表明安装成功，可以重新安装 SPSS 软件并运行。

Microsoft Visual C++ 2005 Redistributable
Microsoft Visual C++ 2005 Redistributable
Microsoft Visual C++ 2005 Redistributable (x64)
Microsoft Visual C++ 2008 Redistributable - x64 9.0.30729.7523
Microsoft Visual C++ 2008 Redistributable - x86 9.0.30729.7523
Microsoft Visual C++ 2010 x64 Redistributable - 10.0.40219
Microsoft Visual C++ 2010 x86 Redistributable - 10.0.40219
Microsoft Visual C++ 2012 Redistributable (x64) - 11.0.61030
Microsoft Visual C++ 2012 Redistributable (x86) - 11.0.61030
Microsoft Visual C++ 2013 Redistributable (x64) - 12.0.40664
Microsoft Visual C++ 2013 Redistributable (x86) - 12.0.40664
Microsoft Visual C++ 2015-2019 Redistributable (x64) - 14.20.27508

图 2-1 Microsoft Visual C++数据库在程序和功能列表中的安装显示

如果依旧出现错误，则要从 Windows Modules Installer 服务入手。依次操作"win＋R 键—运行（输入 services.msc）—确定或回车"，打开"服务（本地）"。我们在服务（本地）窗口找到：Windows Modules Installer 服务（见图 2-2），查看是否被禁用；如果 Windows Modules Installer 服务被禁用，我们必须把它更改为启用—手动，重启计算机，再安装应用程序。

图 2-2　Windows Modules Installer 服务启动示意图

2. SPSS 22.0 软件安装

如果是压缩包版本，可以将 SPSS 22.0 压缩包解压缩后打开文件夹，找到 stats.exe，点击右键发送到桌面快捷方式，然后在桌面上找到这个快捷方式，双击运行即可。当出现"使用何种编码使用本软件"时，选择默认即可。

如果下载版本的 SPSS 是可执行文件，直接运行安装文件，按提示一步步进行即可完成安装。

二、SPSS 插件 Process 的安装

（1）将 Process 安装包解压缩到指定文件夹。

（2）打开 SPSS 22.0 软件：依次点击"实用程序—定制对话框—安装自定义对话框"（见图 2-3）。

在"打开对话框指定"界面选择下载解压的 Process 插件 process v3.5.spd，打开即可安装（见图 2-4）。

图 2 - 3 Process 安装示意图 1

图 2 - 4 Process 安装示意图 2

(3)关闭 SPSS 22.0,重新打开。

(4)使用 Process:依次点击"分析—回归—Process"(见图 2 - 5)。

图 2 - 5　Process 使用示意图

三、Amos 22.0 软件的安装与基本操作

（1）Windows 家庭版同样不能有效运行 Amos 软件，如果在"开始—控制面板—所有控制面板项—程序和功能"中找不到 Microsoft.NET　Framework，就需要安装.NET 支持程序，可在微软官网下载安装。已安装图如图 2 - 6 所示。

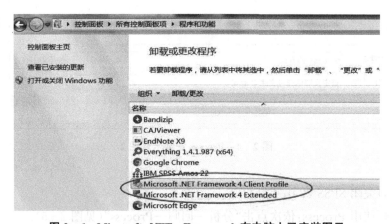

图 2 - 6　Microsoft .NET　Framework 在电脑上已安装图示

运行 Amos 软件目录中的 SPSS_AMOS_22.0.exe,双击运行,一路点击下一步即可完成安装。

(2)Amos 软件是可视化图形操作。问卷的验证必须要单独的样本(不能和探索性分析用一套数据),必须要用到结构方程软件,在自编问卷里尤其如此。Amos 软件的功能非常多,问卷里用到的有拟合度指数、聚敛效度、区分效度和模型比较等。

(一) Amos 软件基本介绍

1. 变量

如图 2-7 所示,Ames 测量模型中的变量可分为观察变量、潜变量和误差变量。

观察变量:问卷当中的每道题就是一个观察变量。观察变量是指具体的、可以直接接触的题项,比如,你每天玩多少时间手机? 每个被试的回答就是具体的、可见的变量。多个关于玩手机的时间会合成一个潜变量——手机依赖,但在问卷中不能直接体现。观察变量在 Amos 测量模型中用方框标识。

潜变量:潜变量在问卷上不能直接看到,是几道相关问卷题合在一起表达的一个共同特质。如关于个体每天接触各种各样电子屏幕的题项合到一起就是"屏幕时间行为倾向"的维度。这里"屏幕时间行为倾向"就是潜变量。潜变量在 Amos 测量模型中用椭圆标识。

误差变量:SPSS 假定数据没有误差,但事实上调查数据肯定有误差。在 Amos 测量模型里标在观察变量后面的代表可能的误差量就是误差变量。误差变量在 Amos 测量模型中用小圆标识。

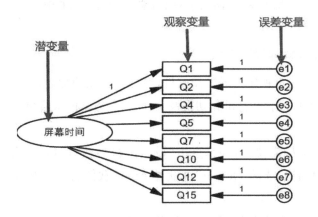

图 2-7　Amos 测量模型中变量类型示意图

2. 结构方程模型

测量模型：潜变量和观察变量构成的模型叫测量模型，图 2 - 7 就是一个标准测量模型。

结构模型：潜变量和潜变量间的关系模型叫结构方程模型。比较常见的是简单中介、简单调节、有调节的中介模型、并列中介模型和链式中介模型等（图 2 - 8 所示即为链式中介模型）。结构方程模型不是任意搭建的，首先要符合常识与逻辑，比如图 2 - 8 中，就业压力会影响心理健康，这是由经验、逻辑和文献等支撑的。如果就业压力对上中考，就不符合逻辑，这样的模型则是荒诞的。

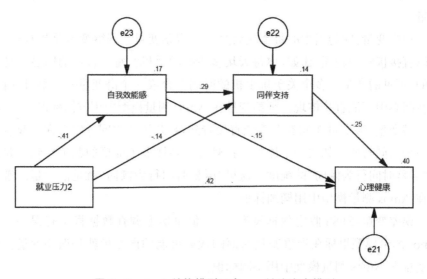

图 2 - 8   Amos 结构模型示意——链式中介模型

（二）Amos 软件界面介绍

Amos 软件是可视化图形操作软件，左侧是常用快捷功能，中间是模型运行结果查看、非标准化和标准化切换及文件区，右边是模型绘制区（绘图区）（见图 2 - 9）。

模型绘制完毕需要运行时，点击"设置运行参数"按钮，会出现"Analysis Properties"对话框，选择"Output"可设置 Amos 软件输出参数，我们将用于论文中呈现（见图 2 - 10）。

自编问卷验证性分析使用 Amos 运行后，我们要摘抄拟合度指数，点击查看结果按钮后，会出现"Amos Output"对话框，点击左侧"Model Fit"（模型适配，即

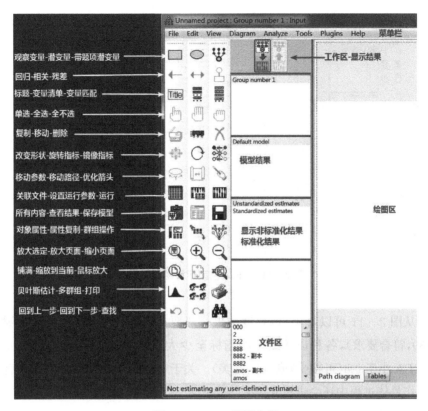

图 2-9　Amos 界面介绍

调查得来的数据与模型间是否匹配),右侧会出现一些关键指标(见图 2-11)。

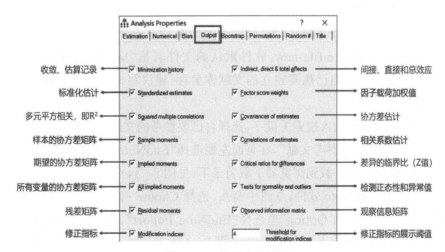

图 2-10　运行参数设置

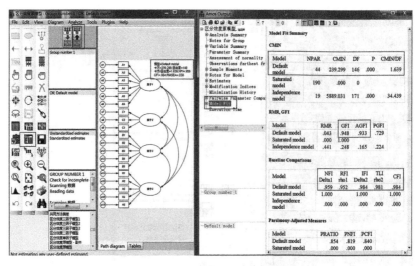

图 2‑11   Amos 模型运算结果显示

从图 2‑11 可以看到，拟合度结果一般要求卡方/自由度小于 3（本例为 1.639，符合要求），各种以 I 结尾的指标至少大于 0.9（CFI 要求大于 0.95），RMSEA 小于 0.8（可接受）或 0.5（完美）。关于 Amos 软件具体操作在之后论文写作具体过程中还会进行介绍。

四、EndNote 软件的安装与基本操作

EndNote 为文献管理软件，具有可视化、操作简单、自动化的特点，比传统的手工插入文献优胜许多，推荐使用。

（1）将下载到的 EndNote X9 软件运行安装，默认选项即可。

（2）打开 endnote‑file‑new：软件默认的文件名是"My Endnote Library.enl"，此时需要输入自己想要建立的文献库名称（建议写什么论文就取什么名字）（见图 2‑12）。

（3）登录知网，输入搜索关键字，选择自己要参考的文献（见图 2‑13）。

（4）点击"导出/参考文献"，在页面左侧选择"EndNote"，点击右侧上部"导出"按钮，即可自动下载到浏览器下载目录下（见图 2‑14）。

（5）打开 EndNote 软件，点图中箭头，选择 Choose 导入刚刚下载的 TXT 文本文件，在"Import Option"里选择"EndNote Import"，在"Duplicates"里选择"Import All"，然后点击"Import"（见图 2‑15）。

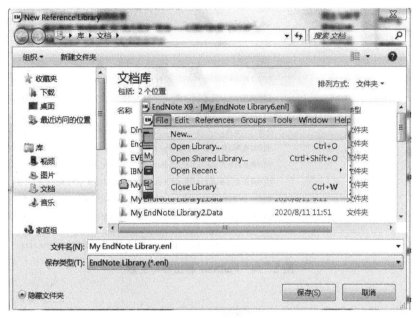

图 2 - 12　EndNote 使用演示

☑		题名	作者
		已选文献：20　清除　批量下载　导出/参考文献　计量可视化分析 ▾	
☑	1	基于新冠肺炎疫情线上教学的探索与研究	李美萱
☑	2	谈高职护理专业以学生为中心的线上教学设计	陈晓娜; 杜娟; 姜侠
☑	3	高校混合式教学模式践行中的问题与对策	王路; 徐伟丽; 赵海田
☑	4	高校美术课线上教学与线下实践的互动研究	缪虹; 张敬; 周立伟
☑	5	探讨线上线下混合式教学模式在思政理论课课堂教学中的有效运用	吴丽娜
☑	6	线上教学+线下自我实践混合教学模式的实践与思考	潘莉; 唐徐韵; 彭科志; 杨孝芳
☑	7	新工科背景下应用BOPPPS有效教学法提高数据结构课程线上教学效果的研究	白烨; 尹晶; 王静

图 2 - 13　EndNote 下载参考文献

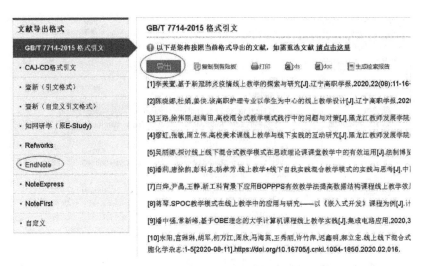

图 2-14　EndNote 导出参考文献

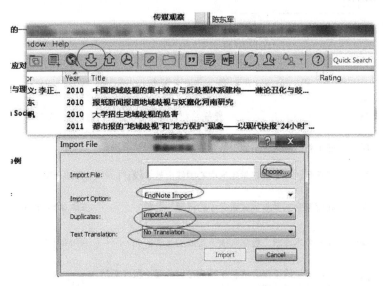

图 2-15　EndNote 导入下载的参考文献

在 EndNote 软件操作界面,左侧会出现作者、年份、标题等具体文献,点击其中任何一篇,右侧则是该论文的详细信息,包括期刊来源、摘要等(见图 2-16)。你可以将下载好的文献复制到以论文名字命名的文件夹里,这样就会显示文章具体内容。

●	⬭	Author	Year	Title		Rating	Journal
●		刘顺义;李正...	2010	中国地域歧视的集中效应与反歧视体系建构——兼论丑化与歧...			哈尔滨市委.
●		岳伍东	2010	报纸新闻报道地域歧视与妖魔化河南研究			
●		张千帆	2010	大学招生地域歧视的危害	●		民主与科学
●		邱天	2011	都市报的"地域歧视"和"地方保护"现象——以现代快报"24小时"...			青年记者
●		孙玉双;史倩	2011	当前我国新闻报道地域歧视现象探析			记者摇篮
●		曾庆江	2012	事件新闻眼风报道与地域歧视			传媒观察
●		杜建强	2012	身份受损者的行动策略——地域歧视问题的一个实证分析			郑州轻工业.
●		石勇	2012	地域歧视:消解国家认同的隐忧			廉政瞭望
●			2012				

图 2-16　EndNote 导入下载的参考文献

EndNote 软件安装完毕后,一般已经默认作为 WORD 插件,显示在 WORD 顶部菜单栏上,在 EndNote 软件中选择要插入的文件,再回到 WORD 菜单处,选择最右侧 EndNoteX9 下的 Insert Selected Citation(s)即可(见图 2-17)。此时文档中有文献,文末也有具体文献,且自动排序。

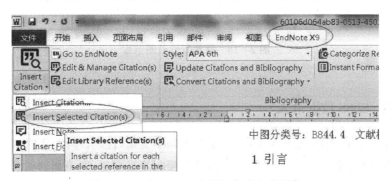

图 2-17　在 WORD 中插入参考文献示意

五、截图软件 Snipaste 的安装

在将统计结果整理到论文当中时,SPSS 或 Amos 软件运行的结果会呈现出很多,比如平均值、中介检验结果都占一整张。如果在论文和软件结果间不断切换,既费时间与精力,也很容易出现摘抄错误的现象,因此推荐一款免费软件 Snipaste。

在网上下载 Snipaste 软件包后,只要解压打开目录里的 Snipaste.exe 就可以运行(注意该软件有 32 位和 64 位操作系统版本,下载错了,运行可能会出错)。

运行之后,软件会自动在后台运行。需要截图时,默认是按键盘 F1(笔记本电脑 F1 一般占用,可以在软件中设置更改成别的快捷方式,或按 FN+F1)。

按完 F1 后，屏幕上会出现一个虚框，可以按住鼠标左键并移动，将所要截屏的界面选中，然后在截图菜单上点击右数第三个小钉子图标，就将所截图片钉在了屏幕上，然后再用鼠标左键拖动截图区域进行各种操作。图 2－18 即为通过此种操作得到的一个截图范本。

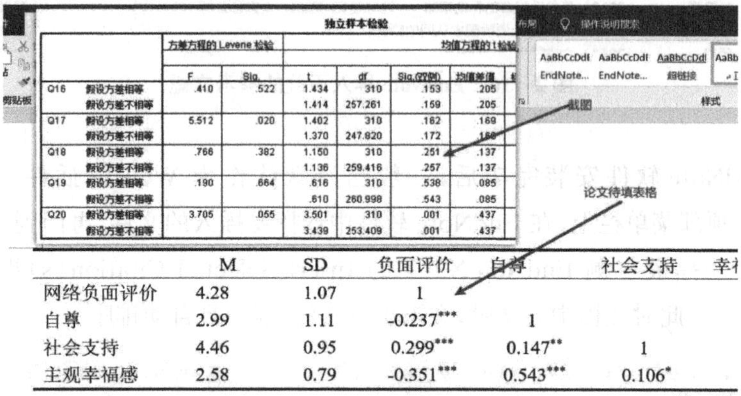

		方差方程的 Levene 检验		均值方程的 t 检验			
		F	Sig.	t	df	Sig.(双侧)	均值差值
Q16	假设方差相等	.410	.522	1.434	310	.153	.205
	假设方差不相等			1.414	257.261	.159	.205
Q17	假设方差相等	5.512	.020	1.402	310	.162	.169
	假设方差不相等			1.370	247.820	.172	.169
Q18	假设方差相等	.766	.382	1.150	310	.251	.137
	假设方差不相等			1.136	259.416	.257	.137
Q19	假设方差相等	.190	.664	.616	310	.538	.085
	假设方差不相等			.610	260.998	.543	.085
Q20	假设方差相等	3.705	.055	3.501	310	.001	.437
	假设方差不相等			3.439	253.409	.001	.437

	M	SD	负面评价	自尊	社会支持	幸福
网络负面评价	4.28	1.07	1			
自尊	2.99	1.11	-0.237***	1		
社会支持	4.46	0.95	0.299***	0.147**	1	
主观幸福感	2.58	0.79	-0.351***	0.543***	0.106*	

图 2－18　截图软件截图范本

六、SPSS 数据录入

打开变量视图，先录入变量，变量有人口学变量（性别、年龄、年级等区别被试身份）和问卷变量（问卷里每个具体的题项叫观察变量，题项加到一起叫潜变量）。从左到右重点一是名称，名称可以用汉字表示，但不能使用特殊符号。二是类型，鼠标点击后会出现选择变量类型，我们常用到的是数值（可以运算）和字符串（不能运算）。三是“值”，我们在数据视图里录入的是数字，那么这个数字所代表的意思就要在这个值里边定义。如在图 2－19 里，我们用 1 代表男生，用 2 代表女生，鼠标点击“值”，会弹出值标签，我们把值输入 1，标签输入“男”，点击添加。把值输入 2，标签输入“女”，点击添加就完成了性别变量的定义。

录入问卷题项。在题项名称处最好用字母代替，如录入结构方程，可以用 X1 代表自变量问卷第一题，用 M1 代表中介变量第一题等。在类型里要选择数值型，在标签里最好将题项原文录入以便区分，在值录入框里将问卷题项的选项录入（见图 2－20）。

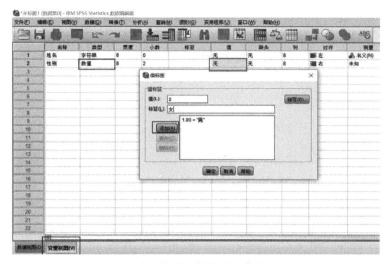

图 2-19　SPSS 数据录入 1

图 2-20　SPSS 数据录入 2

在数据视图里录入数据。数据视图里从左至右横向的是问卷的变量,从上至下是样本,我们要输入的是数字,比如性别变量里输入 1 代表男生,年级变量栏 2 代表二年级(见图 2-21)。点击菜单栏右侧上面的"1-A"图标,就会显示数字代表的文字,录入完毕点保存。

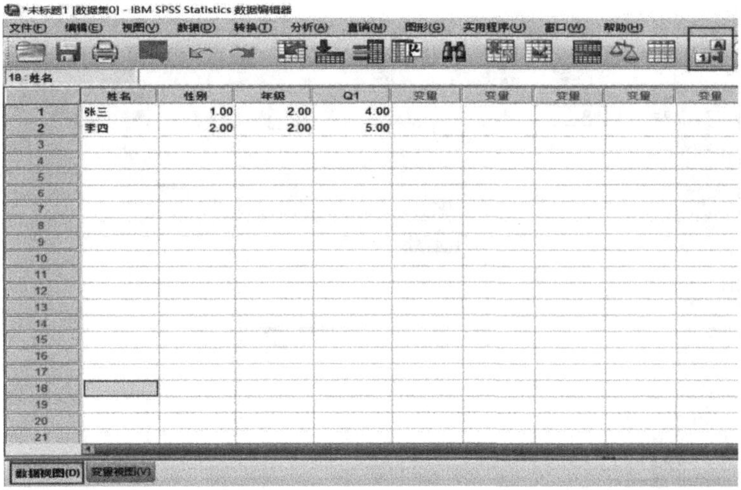

图 2－21　SPSS 数据录入 3

七、常见问题及解析

1. SPSS 软件安装后运行不了

这种问题比较常见，每个人的电脑操作系统版本不同，会出现运行错误，一般分两种情况，运行库未安装或安装管理服务未开启，文中已经给了解决对策。如果依然运行不了，可以更换 SPSS 版本或请电脑水平高的人帮忙解决。

2. Amos 软件无法安装

这种情况一般是系统缺 Microsoft.NET Framework 导致。文中也给了相应建议，下载安装一般可以解决。但有时也会出现 Microsoft. NET Framework 无法安装的情况，这种情况下就属于高难度技术问题了，建议将系统备份后更换操作系统。

3. EndNote 在 WORD 菜单上不显示

这种情况在课程实践中也会经常遇到，一般是 WORD 和 EndNote 安装顺序不对导致的。解决办法有两种：一是可以安装国产 WPS，即可解决；二是打开 EndNote 安装文件目录，找到 Configure EndNote.EXE，运行后按提示操作即可解决。

第二编
自编问卷

专题三　问卷编制理论基础

┌─ 问题导读 ────────────────
│
│ 1. 自编问卷要经过哪些具体阶段？
│ 2. 自编问卷的指标有哪些？
│
└────────────────────────

我们在使用问卷调查法进行科学研究时，有时会找不到适合自己研究主题的问卷或量表，这时就会产生研究无法进行的遗憾。完全使用别人的量表或问卷也面临着缺乏学术创新的困境。那么能不能自己编制新量表呢？怎样验证自编的量表是否有效呢？随着 SPSS、Amos 等大批统计软件的流行，繁杂的统计过程可由软件进行，新问卷、新量表编制的可行性也随之提高。

一、自编问卷的理论准备与编制过程

（一）自编问卷的理论准备

问卷编制不是无源之水，首先要建立在某一公认的理论基础上。我们在许多学科中都会学到前人的理论假设，如心理学中有人格特质理论、认知同化论，教育学中有因材施教理论，管理学中有霍桑实验等，这些理论均是前辈学者或以实验验证，或以思辨推导，经过多年实践验证，成为各门学科的重要结构，属于理论经典。在这些经典理论基础上进行的问卷编制属于有基础、有根脚、站得稳的问卷编制，可以进行后续研究。

自编问卷理论基础选择的方法有如下两种：

1. 选择公认的较少争议的经典理论

自编问卷一方面要有维度，如自杀态度问卷包含对自杀者的态度、对自杀

者家属的态度和对安乐死的态度 3 个维度，为什么选取这 3 个维度，就建立在社会态度理论，即态度测量越具体，与行为的关系就越大。所以作为以预防自杀为目的的自杀态度问卷就要更具体、更全面。自编问卷的理论必须要在本门学科内部首选，外部学科或交叉学科对本学科的指导作用一般会弱于学科内部。另一方面要选择公认影响力度大的、争议较少的理论。如编制大学生活力量表，可参考健全人格理论中与活力相关的人格特质描述（见图 3 - 1）。

了活力研究的进一步发展[13]。因此，本研究拟参照王登峰的人格理论[6]和黄希庭的健全人格理论[14]中与活力相关人格特质的描述（如外向性中的"活跃、乐观"；情绪性中的"耐受性"；才干中的"敢为、坚韧、机敏"；人际关系中的"热情"；处事态度中的"自信、自立、自强"等），采取定性研究的范式，构建中国大学生活力的理论结构，并研制一个与中国文化传统相契合、与当下时代背景相一致的大学生活力量表，这将有利于客观评价大学生活力状况，为促进大学生身心健康和提升大学生发展成效提供参考依据。

图 3 - 1　问卷编制参考的理论示意①

2. 选择的理论基础指导性与价值性要高

选择的理论基础要与本研究息息相关，要以经得起考验的理论为基础（可以参考借鉴影响力最大，口碑更好的经典教材中的著名理论）。

（二）自编问卷内部维度的确定

自编问卷如同盖房子，首先确定要盖什么类型的房子。是平房？是别墅？还是商品楼？编问卷也要先确定目的，要编开放性问卷还是封闭性问卷？要编长问卷还是短问卷？其次，根据问卷目的确定所要选择的材料。

再次，确定用什么材料盖房子。房子的材料有砖、有木、有水泥。问卷可由各种提问式题目构成，应根据所确定维度选择合适的题目。

最后是如何盖。比如我要编制手机依赖量表，影响手机依赖的因素应该有许多，如手机易用性、吸引力、戒断性、社会功能、生理反应等，要选取 4 个最有代表性的维度编制问卷。这些因素里，手机好不好用可能是影响依赖的次要因素，重要的因素是人格特质方面（研究方法——用什么搭）。

----

① 宋传颖等.大学生活力量表的编制[J].中国心理卫生杂志,2020,34(3):212-218.

　　确定了最能体现手机依赖的 4 个维度,如社会功能、使用时间、心理症状和躯体症状后,就可以围绕这 4 个维度绘制题目。维度不是胡乱设置的,要多请教该领域内的专家,针对专家的建议选取影响力最大的因素作为量表内部维度。假设影响手机依赖的因素有 100 种,有的是决定性因素,有的是偶然性因素,有的是共性因素,有的是个别因素,那么就要在请教专家的基础上,选取决定性、共性的影响力大的作为问卷维度,而舍弃偶然的、个别的因素。图 3 - 2 即为经典心理测量量表内部维度的示例。

量表名	英文名	维度			
艾森克人格测验	EPQ	精神质（P）	情绪稳定性（N）	内外向（E）	效度（L）
抑郁量表	SDS	精神-情感	躯体性障碍	精神-运动	抑郁心理
自杀态度问卷	SAQ	自杀行为态度	自杀者态度	自杀者家属	安乐死态度
父亲在位问卷	FPQ	与父亲关系	家庭代际关系	对父亲信念	
安全感量表	SQ	人际安全感		确定控制感	
儿童期虐待	PRCA	躯体虐待	情感虐待	性虐待	忽视
舒适状况量表	GCQ	生理的	心理的	社会文化	环境的

图 3 - 2　经典心理测量量表内部维度图例

(三) 自编问卷编制过程

1. 全方位搜集资料,诚请专家指导

　　变量拆分完成,就要寻找权威资料。建议在知网等专业网站上以欲编制的问卷名称为关键词进行搜索,将重要的资料下载汇总。外文资料在国内不尽全面,因此要尽量全面地将国内外的资料收集齐全。

　　问卷资料收集后,首先要请教领域内的专家,进行内容效度验证。专家会根据自己多年的经验对资料内容进行初步评估,不适合的资料、价值不大的资料可以舍弃。

　　经专家指导后,要进行问卷的初步编制,建议小组成员集体编制出问卷题库。也可以编制初步的开放性问卷,发给研究对象进行访谈,总结出研究对象反映出的问题,这一步非常重要。编制的问卷项目中提问合适否、覆盖面够不够、题项数量多少等，都是可能存在的问题。在初步问卷编制完成后，要再次请教专家进行判断，把不合适的题项删除，不恰当的题项修改，如此反复，直到得到专家的肯定后，才形成初测问卷。

2. 自编问卷编制过程举例

(1) 开放式调查自编问卷过程表述。

随机选取牡丹江市某初中二年级共 50 名同学进行开放式问卷调查，问卷内容为："提到生命你能想到哪些词语？请写在下面的横线上，至少写出 30 个"。针对 50 名学生写出的词语，请心理学教师和硕士研究生评定项目内容，请初中教师评定措辞是否能被初中生理解，请部分初中生阅读问卷，删除难以理解、意思不明的题目，并请中文教师进行分类，主要集中在珍惜生命、健康疾病、死亡态度、生命意义、社会责任这 5 个方面。故本问卷有良好的内容效度。

(2) 初测问卷编制过程表述。

根据开放式问卷结果以及参照中小学生生命教育的相关主题，编写出针对以上 5 个方面内容的 40 道题目，形成《初中生生命价值观初测问卷》。题目采用 Likert5 点计分，从"非常不同意""比较不同意""一般""比较同意""非常同意"依次为 1 分、2 分、3 分、4 分、5 分，得分越高表明生命价值观越正确，其中反向计分 2 题。所有题项采取随机排列方式。

随机选取牡丹江市某初中一至三年级同学共 340 人，在课堂中发放初测问卷，并请学生标注班级姓名，以备重测比较之用。测试时间 30 分钟。删去题项漏选多选重复无效问卷后，有效问卷 306 份，有效率为 90%。[①]

3. 自编问卷过程注意事项

最好采用李克特 5 点、7 点计分制，便于在 SPSS 软件里统计。

计分要统一。如生命价值观问卷分越高表明初中生生命价值观越正确，得分越低表明越不正确。一般选项为非常不同意、比较不同意、一般、比较同意、非常同意。

问卷不能直接大量调查，要先经过试测、检验各项指标合格后才能正式调查。

问卷题目数量要有度。太多的话被试不愿意认真回答，太少则会有遗漏的指标，一般 4 个维度，最合适的是 20 道题，即每因子 5 题。一般每维度不能少

---

① 李洋，马姗姗.初中生生命价值观问卷编制及调查[J].未来与发展,2020,44(03):47-53.

于 3 题。

问卷要有测谎题。如在第 1 题调查你做事很认真,间隔几道题要变换形式再问一次,如果回答为不认真,证明其没有认真回答,则问卷无效。

编制的问卷探索性分析和验证性分析要分开使用不同的数据。

试测问卷用于项目分析(T 检验、题总相关、可靠性分析、共同性与因素负荷)、探索性分析(KMO、因子载荷、碎石图);正式问卷用于验证性分析(信度检验、结构效度、建构效度)。千万不能用一个数据把所有检验过程都做了,这容易导致只有横向研究,没有纵向研究的结果。

(1)自编的问卷检验不合格。

首先应该在高级别期刊上寻找同一领域内的权威量表作为参考,看看他们如何提问。

没有代入情感。要紧紧围绕因素主题进行编制。比如,有学生编制超前消费的情绪因素,编制了"看到推销花呗的广告,你感到厌烦",这只是极少数人的情感反映,不只是看到这个广告烦,绝大多数人看到任何广告都会烦,所以这题并不具有区分性和普遍性,而且没紧扣因素主题,因素是超前消费的情感反应,那应该是担忧还不上贷款产生的焦虑情绪,冲动消费下的后悔情绪,每题项都要紧紧扣着这些情绪设置。

自编题项一定要请专家把关!虽然有的专家并不会实证软件,但他能对你的题项是否符合因素要求进行评估。

(2)自编题项举例。

> **大学生超前消费的情绪因素(本例子来自于研究生自编问卷)**
>
> 超前消费可能会有什么情绪?喜、怒、哀、乐、爱、恶?心境、激情、应激?你要先有基本的心理学知识,要清楚情绪、情感包含什么内容,然后选择最可能出现的情况进行编制。
>
> 比如,超前消费会高兴吗?可能只有一小段短暂的高兴。后悔吗?应该是普遍的。会生气吗?或许会有,对别人生气、对自己生气、对快递生气等。焦虑肯定是最常见的情绪,即怕还不上贷款。
>
> ①你会因为还款日到来而焦虑。
>
> ②你会因为超前消费买到的东西没想象中用处大而懊恼。
>
> ③你会因为管不住自己超前消费而生气。
>
> ④超前消费次数多了,感觉到无所谓。

⑤你会为了高人一等而进行超前消费（此题项是消费行为，不是消费情绪，自编问卷因素归属错误，当从此因素中删除或挪入别的因素中）。

⑥你想控制超前消费但没控制住而后悔（此题与②为测谎题项，考察的是同一情绪，即后悔。如果②与⑥回答的是相反的选项，则大概率证明该被试的回答是无效的）。

以此类推，大学生超前消费的认知因素

什么是认知？感觉、知觉、记忆、想象、思维、注意，然后从每个角度出题项，并加上测谎（也可不加，因上一个因素已经使用过了），如可设置题目：

你认为超前消费是正确的（思维）

4. 自编问卷案例

[例1] 教师线上教学效能感问卷

对下面每一项，请根据您的实际情况评价。

1. 非常没有信心　2. 比较没有信心　3. 一般　4. 比较有信心　5. 非常有信心

1. 为线上教学采用多种策略	15. 为线上教学课程内容提供丰富素材
2. 教学生使用线上教学软件	16. 线上教学的相关资源能够扩展课程内容
3. 使用线上教学进行特定课程的教学	17. 为学习内容搜索相关的在线素材
4. 把自己的桌面共享给学生	18. 线上教学是一种新颖、时尚的教学方式
5. 即时反馈学生的线上求助信息	19. 使用线上资源引导学生开展学习活动
6. 搜索各种材料整合在学习内容中	20. 使用线上教学软件进行直播
7. 你愿意进行线上教学	21. 在线上教学资源中选择合适的内容
8. 在线上把课程内容资料共享给学生	22. 通过搜索网站下载线上教学软件
9. 在线上教学软件中批改作业	23. 挑选适合线上资源进行教学
10. 发挥自己特长提高线上教学效果	24. 在网络故障时从容处理线上教学
11. 在即时通讯软件上提供或回复学生信息	25. 你愿意利用线上教学提高教学技能
12. 进行不同线上教学软件间的转换	26. 丰富课程内容搜索在线资源
13. 引导学生在线上来学习特定的课程单元	27. 线上教学是未来教育的发展趋势
14. 在线上软件与学生交谈	28. 将自己的知识在线上共享

注:维度:一般使用效能、教学效能、胜任力、态度①。

[例 2] 教师实证研究效能感问卷

对下面每一项,请根据你的实际情况进行评价

项目	非常不符合	不太符合	一般	比较符合	非常符合
1. 我知道什么是实证研究	1	2	3	4	5
2. 指导学生写论文我要求用实证研究	1	2	3	4	5
3. 我愿意用实证方法发表期刊论文	1	2	3	4	5
4. 我的研究领域可以用实证研究	1	2	3	4	5
5. 我相信自己能掌握实证研究方法	1	2	3	4	5
6. 学生毕业论文盲审实证研究更容易通过	1	2	3	4	5
7. 实证研究学术论文更易发表	1	2	3	4	5
8. 实证研究论文更容易出高级别成果	1	2	3	4	5
9. 我相信实证研究使自己职业更有成就	1	2	3	4	5
10. 我会主动学习某种实证软件	1	2	3	4	5
11. 我会主动向专家请教实证研究方法	1	2	3	4	5
12. 我愿意去参加实证专家的讲座、报告	1	2	3	4	5
13. 我有时会在网上进行实证研究学习	1	2	3	4	5
14. 我有时间会去听实证软件的课程	1	2	3	4	5
15. 我所在学校会邀请专家进行研究方法讲座	1	2	3	4	5
16. 学校会派我去外地参加实证研究会议	1	2	3	4	5
17. 学校会不定期举行实证方法讨论交流	1	2	3	4	5
18. 学校很重视教育实证研究的发展	1	2	3	4	5
19. 学校期刊对实证研究很重视	1	2	3	4	5

注:维度:认知、动机、态度、支持②。

---

① 尚元东,周芷同,卢培杰,等.教师样本的线上教学效能感问卷测评研究[J].牡丹江师范学院学报(社会科学版),2021(02):89-96.

② 尚元东,董亲子,周向欣,等.高校教师实证研究效能感问卷的编制及信效度检验[J].未来与发展,2021,45(01):48-51+47.

二、问卷数据的收集与清洗

（一）问卷发放

问卷调查的样本要足够多，一般本科毕业论文要 300 份以上的有效数据，硕士论文在 500 份以上，期刊论文样本要 500—1000 份才够。过少的样本会导致信度不高。

样本的选择要遵循统计学规律，尽可能采取分层随机抽样，方便抽样等以覆盖最大范围的被试，增加调查的可信度。

问卷调查的样本范围要足够广，不能只选择一个学校做调查，这样会使某一指标过高或过低，要尽量选取足够多的地区范围进行收集。一般论文写作时都有地区的限制，最少要两个不同的地区样本。

问卷发放时间不宜过长，尽量当场回收。问卷内容不宜太长，被试作答可能会产生疲劳感进而抗拒认真作答。被试有情绪时，不宜发放问卷。问卷用语要简洁明了，不宜专业性太强。

（二）数据清洗

自编问卷发放后，首先要回收 100 份以上进行项目分析，通过 5 项检验，确定问卷编制的题项可以用来进行正式研究。那么在进行数据检验之前，数据清洗是必不可少的关键环节。无效数据进入检验，只能使项目分析的结果无法通过检验。

1. 测谎题项

有条件的问卷都要设置测谎题项，将前面问过的题项，换一种说法再问一次，两题项若回答矛盾则说明被试在乱答，并没有认真看题项，这样的答卷是无效的。

2. 反向计分

自编问卷要有反向计分题项，增加被试思考的时间。如果正向题和反向题被试均答同一侧答案，则说明被试明显是没有认真审题，该数据需要进行删除。

3. 答题时间过短

班级发放问卷或网络发放问卷时，总有被试回答时间过于短促，如使用不到 20 秒钟就回答了 60 个题项，根本没有思考，这样的答卷应该删除。

4. 蛇形答卷

去掉反向计分题，大多数题项的计分趋向应该是一致的，即喜欢或评价高的趋向,被试答成了一个喜欢一个讨厌,两个喜欢两个讨厌,这是不符合逻辑的。如果样本足够,建议对此类回答进行删除。

5. 一致答卷

全问卷从头至尾全是同样的答案,一般是不符合逻辑的,尤其有人喜欢全选不确定,这种答卷根本无法区分被试态度,只能降低问卷的信效度。同样,如样本足够,要删除此类答卷。

6. 缺失值、重复值、异常值

有些答卷回收后,有个别或部分选项是空白的,一种是使用回答的平均值代替,另一种情况是删掉。有的答卷是重复回答,如按 1、2、3、1、2、3 规律重复,此种情况要进行鉴别。有的答卷是超出选项范围,如 5 级计分值,被试填了 6、7 或更高数字,此类问卷都要进行删除。

打开探索性分析 635 数据文件,按成分内的题目回答应该趋于一致的原则,清洗不合格数据,根据探索性分析结果(见专题五,图 5 - 4),提取两个成分。成分一为 1、2、4、5、7、10、12、15,根据这些题目的共同特征,命名成分一为屏幕使用时间;成分二为 3、6、8、9、11、13、14,根据这些题目的共同特征,命名成分二为屏幕使用心躯症状。即 1 题若选择屏幕持续时间多的 5—7 选项,那么同一成分内的 2、4、5 题等,若选择 1—3 的时间不多,则明显是胡乱作答,不符合有效问卷的基本要求,要予以删除(反向计分题已经重新计分)(见图 3 - 3)。

本问卷是 7 级计分制,即 1—3 分为屏幕时间或症状不多,5—7 为屏幕时间或症状过多,4 为不确定。依据同一维度内的题项回答不能矛盾的原则,问卷可经过多次清洗数据后,达到因子分析的要求。

Q6	2.0						
	Q1	Q2	Q3	Q4	Q5	Q6	Q7
1	3.00	5.00	2.00	5.00	2.00	2.00	2.00
2	6.00	5.00	4.00	2.00	2.00	4.00	1.00
3	3.00	6.00	2.00	5.00	4.00	3.00	2.00
4	3.00	5.00	6.00	2.00	3.00	3.00	3.00
5	6.00	6.00	4.00	2.00	2.00	4.00	1.00
6	6.00	5.00	4.00	6.00	4.00	5.00	6.00

图 3 - 3 数据清洗基本规则

三、常见问题及解析

1. 自编问卷理论选择不正确

要多请教领域内的专家,选择恰当的、经典的和有价值的理论。

2. 问卷结构不统一

比如多项选择和单选混合,增加了统计难度。在一个题项内给出了多项维度,使被试难以回答。

3. 问卷题项很难设计

受个人知识与经验的限制,许多人在设计问卷时感觉无从下手,不知道出什么题可以符合要求。这时建议不妨先从访谈法入手。寻找一部分被试进行当面访谈,记录下访谈资料回来整理,后续的问卷题目就相对容易设计了。

4. 问卷收集困难

在快节奏的当下,很难要求被试静心认真回答全部问卷,因此指导语能否引起被试共鸣、题量是否精简、问卷本身是否新鲜有价值能引起被试兴趣等方面需要在设置问卷时反复考虑,建议精心设计问卷,不要怕浪费时间。

5. 调查问卷编制常见误区

(1)问卷所给答案不完整。

问卷所给答案不完整是指被调查者在问卷中某一问题之后所给的选项中,找不到适合自己特征的选项。这是调查问卷设计中最常见的问题。一般要求问卷的问题采用封闭式回答,即针对具体的问题事先设计好被调查者可能的所有答案,要求被调查者从中选出符合自己特征的答案。这样既可以节省被调查者的时间,也便于后续的数据汇总和整理。但是,有的问卷设计者由于对调查对象进行的探索性研究不深入细致,没有考虑到调查对象所有可能的特征。因此,所给出的问题答案就不能涵盖所有被调查的信息特征。如在最常见的关于"你的职业"的调查中,有的问卷仅给出:"A. 医生　B. 教师　C. 工程师 D. 作家　E. 军人"等。显然,在现实社会经济活动中,有很多不同的"职业",上述 5 种仅是其中很小的一部分。也许,问卷的设计者认为已涵盖了特定调查对象的全部职业,或者认为问卷中所给出的职业选项是其最关注的职业。即使如此,为了防止出现特殊情况,最稳妥的做法是再多加一个选项"其他",这样就可以避免出现问题答案不完整的情况。

(2)问题所给答案重叠。

问题所给答案重叠是指被调查者在问卷中某一问题之后所给的选项中,可以选择两个或两个以上的答案,或者一个选项中有包含自己特征信息的部分,也有不包含自己特征信息的部分。这种现象在问题答案唯一或不唯一时都可能出现。如在涉及"身份"的调查中,出现选项"A.公司职员　B.公司管理人员　C.机关干部　D.公务员"等。显然,这是只有唯一答案的问题,但却出现了问题答案重叠。如"公司管理人员"也是"公司职员",而"公务员"可能就是"机关干部"。总之,一旦出现这种问题答案重叠的现象,被调查者就会感到无所适从,哭笑不得。最后,只能随便选择,或者不选。

(3)问题所给答案与题干意义不符。

问题所给答案与题干意义不符是指题干问题很明确,但是所给答案与问题的可能答案相差甚远。这种现象在现代问卷设计中也很常见,主要是问卷设计者对相关概念搞不清楚所致。如在涉及"职业"的另一次调查中,有这样的问题与答案:"您的职业:(　)A.在校大学生　B.企业　C.事业单位　D.机关公务员　E.服务业　F.自由职业　G.其他"。显然,本问题调查的是"职业",而答案选项中的B、C与"职业"根本就不相符。

(4)问题的题干概念表述不明。

问题题干概念表述不明是指问题的题干内涵较小或外延较大,从而使得问题不具体,以致涉及两个或两个以上事项,而答案却是针对一个事项的答案。如在关于城镇职工"家庭年收入"的调查中,经常有这样的问题:"您的家庭年收入大约为多少?""家庭年收入"就是一个内涵、外延可大可小的概念:家庭年收入可能分别是家庭成员年工资总收入、经营总收入、投资总收入、财产总收入等,也可能是这些收入的总和。因此,一旦出现这种情况,不同的被调查者可能给出不同的"家庭年收入"数据,从而使得不同被调查者提供的数据既不具有可加性,也不具有可比性。同样,在一次有关"年龄"的调查中,如果准确的年龄数据对问题分析特别重要,那么调查中,一旦没有"实岁"与"虚岁"之分,问题分析的结果可能会大相径庭。

(5)问题的题干设置有诱导性。

问题题干设置有诱导性是指问卷设计者在设计某一问题时,将社会大多数成员对问题已持有的态度或具有特殊社会影响力的个人或机构对问题已表明的态度隐含在所设计的问题中,从而对被调查者造成一种诱导或暗示,以至于使得被调查者的从众心理、个人崇拜心理或逆反心理等在答案选择中起作用,无法体现其对问题的客观、真实态度。

如在有关中国统计数据质量的一项问卷调查中,问卷的设计者就设计了如下问题："你是否同意某某研究机构（某某专家）对 2011 年中国 GDP 数据所持的观点？"毫无疑问，在问题的表述中，"某某研究机构（某某专家）"的出现同样会对被调查者产生一定的诱导作用。统计调查重在获取被调查者客观、真实的信息，它不同于诸如事件调查、新闻调查等非统计调查。具有诱导意向的问题绝不应出现在现代市场调查问卷中。

（6）问题设置不考虑被调查者背景。

问题设置不考虑被调查者背景是指问卷设计者忽视对调查对象的生活环境、习俗、宗教信仰、民族、受教育程度、工作特征等方面的探索性研究，或者对其研究不足，导致所设计的问题难以取得被调查者的理解和接受。显然，一旦被调查者感到问卷中问题的表述方式没有尊重自己的风俗习惯、宗教信仰，或者感到问题的用词难以理解等，被调查者就会拒绝接受调查，或者采取不合作的态度应对调查，其直接后果就是造成调查数据缺失。

如在一项有关农民进城务工的调查中，问卷的设计者设置了这样一个问题："您认为农民工就业中，有没有'被就业'现象发生？""被就业"开始流行于对高校毕业生出现的一种就业现象的表述，对于主要从事建筑业、城市清洁、家政服务等为主的农民工，他们对"被就业"一词的意义可能知之甚少，若被问及是否"被就业"就可能产生被"愚弄"的感觉。这就是问卷问题设置不考虑被调查背景的情况，在现代市场调查问卷设计中同样必须杜绝这种现象的发生。

（7）问题设置不考虑数据的实际可得性。

问题设置不考虑数据的实际可得性是指问题的题干概念很明确，答案也很完备，但是，在实际调查中被调查者即使非常配合调查，也无法给出真实、准确的数据，或者被调查者只是表面乐意配合调查，但是实际并不愿意给出真实、准确的数据。

对于第一种情况，如在涉及农民"总收入"的调查中，设置了这样的问题："2011 年您家种植粮食的总收入是多少？"从中国的实际情况看，向中国农民调查这个问题，被调查农民通常会乐于接受调查，并想告诉你种植粮食的总收入。但是，他（她）最有可能的回答是"没有计算过"。一是因为中国农民现在还没有记录收入的习惯；二是因为农民一年会分若干次销售粮食，粮食价格也随市场变动而不同；三是因为农民一年收的粮食中还要留一部分自己消费。也就是说，农民若没有记录生产、销售、消费事项的习惯，并掌握相应的核算方法，被调查者根本无法提供真实、准确的年种植总收入数据。对于第二种情况，如果问卷中的问题具有"敏感性""私密性"等特征，即使被调查者给出了相应的答案，可能也是虚假的。如在问卷中设置问题:"在过去的一年里,您是否吸过某种毒品?"不同的被调查者选择的答案毫无疑问都完全相同,而事实可能并非如此。

总之,在设计问卷中的问题时,必须考虑到被调查者能否提供真实、准确的数据。对于第一种情况,农民对 2011 年的粮食总收入不清楚,但是,对每一种粮食分别种植了多少亩、每亩产量大约是多少,应该是清楚的。至于粮食价格如何,调查者自己可以通过查找资料加以确认。这就是说,对于不能直接获得的数据,可以通过"迂回""分解"的方式间接获得。对于第二种情况,只能采用"迂回""分解"的方式间接获得。

(8)问卷缺少控制性问题。

问卷缺少控制性问题是指在所设计的问题中没有涉及专门用于甄别被调查者是否认真如实回答问题的问题。由于被调查者个体特性的差异性,即使通过各种途径、方法让被调查者认识到,某项调查无论对被调查者还是调查者都很重要,希望被调查者给予积极配合,并提供真实、准确的数据,但是,也难以保证所有愿意接受调查的被调查者都能提供真实、准确的数据。因此,在问卷设计中,就应有意识地设计出至少一组具有一定逻辑关系或因果关系的问题,并通过对被调查者所给答案的分析,大致判断被调查者愿意接受调查的态度及其所给其他问题答案的可信性。从现代市场调查问卷设计的实际应用效果看,一份缺少控制性问题的问卷基本上是没有多大应用价值的问卷,对此必须引起问卷设计者的高度重视。

(9)问卷缺少过滤性问题。

问卷缺少过滤性问题是指问卷中的问题要求所有被调查者都要回答,而事实上,可能会有部分被调查者不具备回答其中某些问题的条件。因此,一旦要求不具备回答某一问题条件的被调查者回答该问题,一是使被调查者产生"被强迫"之感,有不尊重被调查者之嫌;二是浪费了被调查者的时间;三是所获得问题的数据可能没有任何实际价值。

如在有关某产品售后服务的调查中,有这样的问题:"您购买本产品 3 年来,已接受过几次由本公司提供的售后服务?"显然,如果让一位购买该产品才 3 个月的消费者回答这个问题,就很难回答。因此,在设计问卷时,问卷设计者应设计出相应的问题,避免此类现象的发生。

(10)问卷结构不合理。

问卷结构不合理表现在如下几方面:

一是问卷缺少总标题,或者总标题表述不简洁,被调查者看到之后第一印象是不知涉及什么内容的调查。

二是问卷缺少说明信。说明信通常简明地说明调查的意义、调查是谁组织的、调查获得了谁的支持、接受调查的被调查者如实提供数据的重要性，以及对被调查者的感谢等。

三是问卷中问题编排顺序不合理。如作为控制性问题的两个或两个以上的问题，应分散于问卷中，不应集中编排等。

四是问题选项答案的标识不规范。为了数据汇总、整理和分析的方便，问题答案的选项通常用 A、B、C、D 等英文字母标示，而不用方框、圆圈等符号标志。

五是问卷中的问题太多。这是许多问卷的通病。殊不知，问题太多会耽误被调查者较多的时间，或者让被调查者不耐烦，从而不能持续如实回答。现代市场调查问卷的问题数量一般控制在 10—15 个比较适宜，最多不要超过15 个。

专题四　自编问卷的项目分析（临界比率法）

问题导读

1. 项目分析有哪些?
2. 同质性分析怎么操作?

项目分析的主要目的在于检验自编的量表或个别题项的适切或可靠程度。初编问卷预测后要经过项目分析（高低组 T 检验、题总相关、可靠性分析及同质性检验）以作为编制正式问卷的依据。下面以团队自编"屏幕时间量表"为例演示项目分析过程（数据文件为：项目分析 300.sav）。此量表经多位专家研讨，确定 2 个维度 15 题项，分别为屏幕时间及心理躯体症状（见图 4 - 1）。

Q1	数值(N)	8	0	我会在等待电脑信息加载时使用手机等其他显示设备。
Q2	数值(N)	8	0	休闲时间我会选择使用手机等显示设备而不是进行户外运动/体育锻炼。
Q3	数值(N)	8	0	使用手机等显示设备时会出现头晕、头痛等症状。
Q4	数值(N)	8	0	我会在吃饭、走路、上厕所时使用手机等显示设备。
Q5	数值(N)	8	0	休闲时间我会选择使用手机等显示设备而不是外出购物/聚会/聚餐。
Q6	数值(N)	8	0	使用手机等显示设备时会出现眼花、眼睛干涩、胀痛等症状。
Q7	数值(N)	8	0	我在乘坐交通工具时会看手机或车上的显示设备。
Q8	数值(N)	8	0	我会为了拥有更多的屏幕使用时间而影响正常的饮食和作息。
Q9	数值(N)	8	0	使用手机等显示设备时会出现肩膀、颈部的不适感。
Q10	数值(N)	8	0	睡醒后我会第一时间拿起手机。
Q11	数值(N)	8	0	使用手机等显示设备时会出现腰部或尾椎的不适感。
Q12	数值(N)	8	0	经常会在临睡前使用手机等显示设备。
Q13	数值(N)	8	0	我会为了拥有更多的屏幕使用时间而减少与他人在现实生活中的交往。
Q14	数值(N)	8	0	使用鼠标时会有手腕、手指的不适感。
Q15	数值(N)	8	0	在生活中需要等待时我会使用手机等显示设备打发时间。

图 4 - 1　自编屏幕时间量表 15 题版在 SPSS 软件中显示图

项目分析前应做的工作：第一，问卷题目的反向计分（操作过程见本章结尾）。第二，求出问卷的总分，将总分按高低排列；找出前后 27% 的样本得分，按分数将被试分成高分和低分 2 组；进行 2 组独立样本 T 检验，将 T 检验结果不显著的题项删除。

一、高低分组独立样本 T 检验

为了检验自编问卷的可行性和适切性，常常通过分析测验的难度、区分度、鉴别度，独立样本 T 检验的目的在于检验自编问卷每题区分度的大小。过程是取数据前后 27% 的被试分成高分组、低分组，将自编问卷题目以 2 个组为区别变量检验区分度，正常的调查高分组和低分组应该有实质性差异，如果有题目经 T 检验，P(sig)＞0.05，则表明该试题区分度不高，高分组和低分组没有实质性差异，不适合测量，要删掉或修改。本书以 SPSS 17.0 中文版为例。以屏幕时间量表为例，我们所编制的问卷，一定是能清晰鉴别出样本中屏幕时间过多人群与正常使用人群，这才叫有区分度。如果被试很少接触各类屏幕，其所回答的问卷得分就会低于 60（15 个题目，7 级计分制），属于不依赖屏幕群体。被试对各种屏幕使用频繁，其所回答的问卷就应该高于 60 分，属于屏幕时间过度使用人群，分越高依赖越严重。我们的自编问卷必须能准确区分出被试的不同特点，将他归类于不同群体。

做 T 检验，要先把原始数据分出高低组，然后把它当作分组变量检验所有题项。

第一步：打开收集到的数据库（项目分析 300.sav），依次点击转换—计算变量（见图 4‑2）。

第二步：出现"计算变量"对话框，在"目标变量"里输入"总分"，在"数字表达式"里输入求和公式"SUM(Q1 to Q15)"（本次问卷题目是 Q1—Q15，to 的前后要留有空格，SUM 公式含义是从 Q1 加到 Q15），此公式表明求问卷总分（见图 4‑3）。

图 4‑2　计算变量示意图 1

图 4‐3 计算变量示意图 2

也可以将问卷题目依次用箭头挪入数字表达式框,中间用加号连接。点击"确定"后,计算完成(见图 4‐4,两种方法可以二选一),在数据视图最右列会出现"总分"变量。

注意,多选题一般不参与信效度检验,要采用分析—多重响应,先编码再进行交叉或频率统计。

第三步:确定高低分组临界值。在总分列上点击鼠标右键,选择降序排列(见图 4‐5)。取前后 27% 的被试(本书提供的试测数据文件样本为 300 例,取总分前 27% 的个案即 300 * 0.27＝81 人;后 27% 即 300－81＝219 人)。在刚刚计算得到的总分变量列,查找第 81 人(68 分)和第 219 人(52 分)的分值(当有相同分数时,可忽略不计,因高低分组取值范围从 25%—30% 均可),记到纸上(见图 4‐6)。

第四步:点选菜单栏,依次点击转换—重新编码为不同变量,我们要将问卷总分分成高低组(见图 4‐7)。

图 4-4　计算变量示意图 3

图 4-5　总分变量降序排列示意图

图 4-6　高低分组取值示意图

图4-7 高低分组操作示意图1

在弹出的"重新编码为其他变量"对话框中,将最左列的总分挪入"数字变量—输出变量"里,并在"输出变量"里输入"高低分组",并点击"更改",再点击"旧值和新值",进入下一步(见图4-8)。

图4-8 高低分组操作示意图2

在"范围,从值到最高"里输入68,"新值"输入1,点击"添加",即完成高分组设定(见图4-9)。低分组设定可参考高分组操作。在"范围,从最低到值"里输入52,"新值"输入2,点击"添加",即完成低分组设定。点击"继续"返回图4-10状态,确定即完成高低分组的设定。

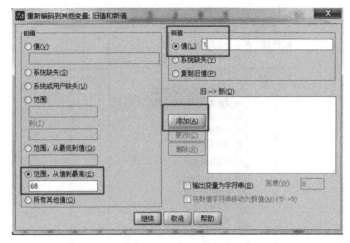

图4-9   高分组设定

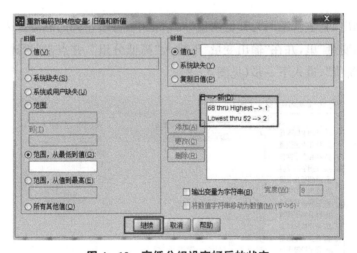

图4-10   高低分组设定好后的状态

第五步：计算独立样本 T 检验。依次点击分析—比较均值—独立样本 T 检验(图4-11)。

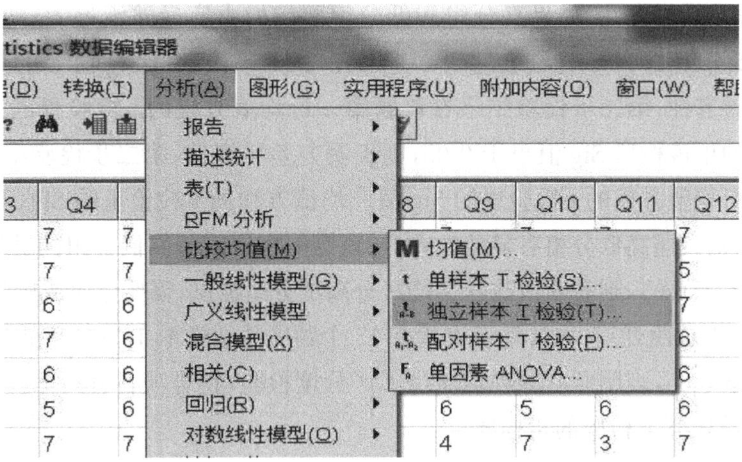

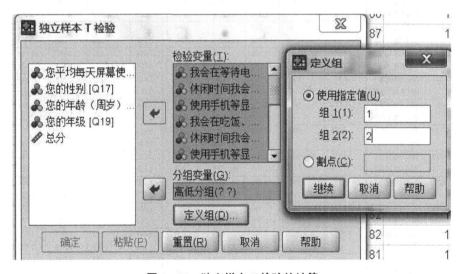

图4-11 独立样本T检验操作

在弹出的"独立样本T检验"对话框中,将左侧15个问卷题项挪入"检验变量"框中,将刚刚计算的高低分组挪入"分组变量"中,点击"定义组",在弹出的"定义组"对话框中分别输入1和2,点击"继续",返回"独立样本T检验"对话框,点击"确定",即完成独立样本T检验的计算(见图4-12)。

图4-12 独立样本T检验的计算

在SPSS输出对话框里出现T检验结果,独立样本检验表格里,每道题都会有高低组检验P值(软件里叫Sig双侧),第一步先看方程方差的Levene检验（即方差是否齐性，如果高分组和低分组两组样本容量差距过大，如高分组 80 人，低分组 200 人，往往会导致方差不齐）。如果该栏里 Sig 值大于 0.05，则表明方差齐性；第二步检验结果看该题第一行均值方程的 t 检验里的 Sig 值。第一步如果该栏里 Sig 值小于 0.05，则表明方差不齐性，第二步检验结果看该题第二行均值方程的 t 检验里的 Sig 值。均值方程的 t 检验里的 Sig（双侧）小于 0.05，则该题高低分组有显著性差异，该题能有效区分高低分组的被试。Sig（双侧）大于 0.05，则表明该试题不能区分高低分组被试，需要修改或删除（见图 4－13 图中画圈处）。本自编量表所有 15 个题项独立样本 T 检验高低分组 Sig 值均小于 0.05，表明所有题项均通过了区分度检验，符合项目分析第一项独立样本高低分组 T 检验的指标要求。

| | | 方差方程的 Levene 检验 | | 均值方程的 t 检验 | | | | | 差分的 95% 置信区间 | |
		F	Sig.	t	df	Sig.(双侧)	均值差值	标准误差值	下限	上限
Q1	假设方差相等	39.589	.000	9.677	171	.000	2.224	.230	1.770	2.678
	假设方差不相等			9.641	139.673	.000	2.224	.231	1.768	2.680
Q2	假设方差相等	31.324	.000	12.157	171	.000	2.526	.208	2.116	2.936
	假设方差不相等			12.123	137.638	.000	2.526	.208	2.114	2.938
Q3	假设方差相等	.910	.342	11.116	171	.000	2.448	.220	2.013	2.883
	假设方差不相等			11.124	169.039	.000	2.448	.220	2.013	2.882
Q4	假设方差相等	2.965	.087	11.236	171	.000	2.601	.231	2.144	3.058
	假设方差不相等			11.229	168.805	.000	2.601	.232	2.144	3.058
Q5	假设方差相等	.021	.885	11.313	171	.000	2.362	.209	1.950	2.774
	假设方差不相等			11.319	169.912	.000	2.362	.209	1.950	2.774
Q6	假设方差相等	1.679	.197	15.590	171	.000	2.826	.181	2.468	3.184
	假设方差不相等			15.588	170.845	.000	2.826	.181	2.468	3.184
Q7	假设方差相等	4.937	.028	10.345	171	.000	2.415	.233	1.954	2.876
	假设方差不相等			10.335	166.058	.000	2.415	.234	1.954	2.876
Q8	假设方差相等	27.113	.000	10.295	171	.000	2.118	.206	1.712	2.524
	假设方差不相等			10.322	143.273	.000	2.118	.205	1.713	2.524
Q9	假设方差相等	4.890	.028	13.233	171	.000	2.638	.199	2.244	3.031
	假设方差不相等			13.222	166.901	.000	2.638	.199	2.244	3.031
Q10	假设方差相等	18.915	.000	12.209	171	.000	2.722	.223	2.282	3.162
	假设方差不相等			12.186	153.508	.000	2.722	.223	2.280	3.163
Q11	假设方差相等	1.282	.259	10.532	171	.000	2.320	.220	1.885	2.754
	假设方差不相等			10.542	167.134	.000	2.320	.220	1.885	2.754
Q12	假设方差相等	41.766	.000	10.548	171	.000	2.336	.221	1.899	2.773
	假设方差不相等			10.516	132.642	.000	2.336	.222	1.897	2.776
Q13	假设方差相等	14.352	.000	9.956	171	.000	2.254	.226	1.807	2.701
	假设方差不相等			9.975	155.812	.000	2.254	.226	1.808	2.700
Q14	假设方差相等	3.904	.050	8.754	171	.000	2.012	.230	1.558	2.466
	假设方差不相等			8.765	163.361	.000	2.012	.230	1.559	2.465
Q15	假设方差相等	29.982	.000	10.451	171	.000	2.421	.232	1.964	2.879
	假设方差不相等			10.426	144.947	.000	2.421	.232	1.962	2.880

图 4－13　独立样本 T 检验结果解读

第六步：表述 T 检验结果，图 4－4 中标线的题目，Sig 值均大于 0.05，没有通过独立样本 T 检验，应予以删除。T 值在独立样本中没有通过 T 检验结果的题干见图 4－14 中画线题项。

表 X　初测问卷项目分析高低分组 T 检验结果(n=306)

题项	t	题项	t	题项	t	题项	t
A1	-0.168	A11	4.021***	A21	0.733	A31	3.241**
A2	2.049	A12	4.935***	A22	3.213**	A32	3.714***
A3	0.585	A13	3.059**	A23	1.156	A33	1.418
A4	1.169	A14	1.541	A24	2.496*	A34	5.892***
A5	3.609**	A15	3.321**	A25	1.167	A35	4.833***
A6	4.016***	A16	2.850**	A26	2.524*	A36	0.902
A7	-0.600	A17	2.626*	A27	4.244***	A37	7.649***
A8	3.309**	A18	3.213**	A28	6.667***	A38	6.102***
A9	0.437	A19	2.787*	A29	4.308***	A39	7.585***
A10	2.240*	A20	4.438***	A30	5.996***	A40	7.581***

注：*$p<0.05$，**$p<0.01$，***$p<0.001$。

图 4－14　T 检验论文表述

图 4－15 为文字表述，学位论文里可放入结果详细表格，学术论文里一般用文字描述。

T 检验。使用 spss22.0 进行统计分析。把反向题重新赋分，所有题目得分求和，将总分高低排序，两端取 27%高低分组，对每个题项得分进行独立样本 t 检验，结果如表 1 所示。

1、2、3、4、7、9、14、21、23、25、33、36 题的决断值检验未达到显著水平，予以删除，保留余下的 28 题。

图 4－15　T 检验论文表述范例

二、题总相关

某一题与总分相关越高，则表示该题与总问卷同质性越高。一般以相关系数 0.4 为标准，题总相关系数小于 0.4 的题目应该删除。

具体操作如下：

打开 SPSS 软件，点击分析—相关—双变量(见图 4－16)。

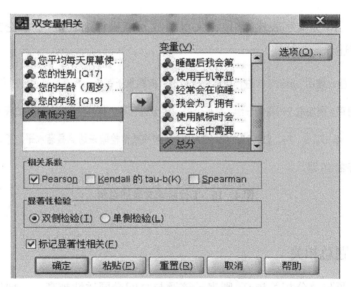

图 4 - 16　题总相关操作步骤 1

弹出"双变量相关"对话框，将所有问卷题目项和总分挪入右侧"变量"框内，点击"确定"（见图 4 - 17）。

图 4 - 17　题总相关操作步骤 2

在 SPSS 查看器里有相关性表格，选取总分一行相关系数，查看有没有小于 0.4 的题项，有则要删除或修改（见图 4 - 18）。

相关性

		总分	我会在等待电脑信息加载时使用手机等其他显示设备。	休闲时间我会选择使用手机等显示设备而不是进行户外运动体育锻炼。	使用手机等显示设备时会出现关眼量、头痛等症状。	我会在吃饭、走路、上厕所时使用手机等显示设备。	休闲时间我会选择使用手机等显示设备而不是进行户外购物聚会游玩等。	使用手机等显示设备时会出现眼花、眼睛干涩、胀痛等症状。
总分	Pearson 相关性	1	.572**	.666**	.569**	.645**	.633**	.664**
	显著性（双侧）		.000	.000	.000	.000	.000	.000
	N	300	300	300	300	300	300	300
我会在等待电脑信息加载时使用手机等其他显示设备。	Pearson 相关性	.572**	1	.587**	.304**	.429**	.391**	.233**
	显著性（双侧）	.000		.000	.000	.000	.000	.000
	N	300	300	300	300	300	300	300

图 4－18　题总相关操作步骤 3

论文里表述可参考图 4－19：

表1家庭作业指导方式对亲子关系影响调查问卷题总相关

题项	11 题	12 题	13 题	14 题	15 题	16 题	17 题	18 题	19 题	20 题
r 值	0.545	0.582	0.576	0.656	0.619	0.594	0.538	0.520	0.639	0.567

题项	21 题	22 题	23 题	24 题	25 题	26 题	27 题	28 题	29 题
r 值	0.603	0.628	0.652	0.463	0.613	0.652	0.688	0.607	0.537

图 4－19　题总相关论文表述[①]

文字描述如下。题总相关：20 个题目与总分做题总相关，某题得分与总分的相关越高，证明该题与总分的同质性越高；某题与总分的相关越低，则该题与总分的同质性越低。如果该题与总分的同质性小于 0.4，则予以删除。据表 ** 所示，各题与总分的相关系数在 0.473—0.733，符合同质性标准，不必删除题目。

三、可靠性分析

可靠性分析是自编问卷的内部一致性信度，能够检验问卷的同质性。先确定问卷的总体信度，然后逐个题删除，再计算信度。如果删除某个题项后，总信度变高，则表明该题项与其他题项同质性不高，可以考虑删除该题目。

操作过程：

在 SPSS 中，依次选择分析—度量—可靠性分析（见图 4－20）。

[①]　尚元东,孟凡书,于潇. 小学生作业指导与亲子关系实证研究[J]. 未来与发展,2020,44(03)：58－64.

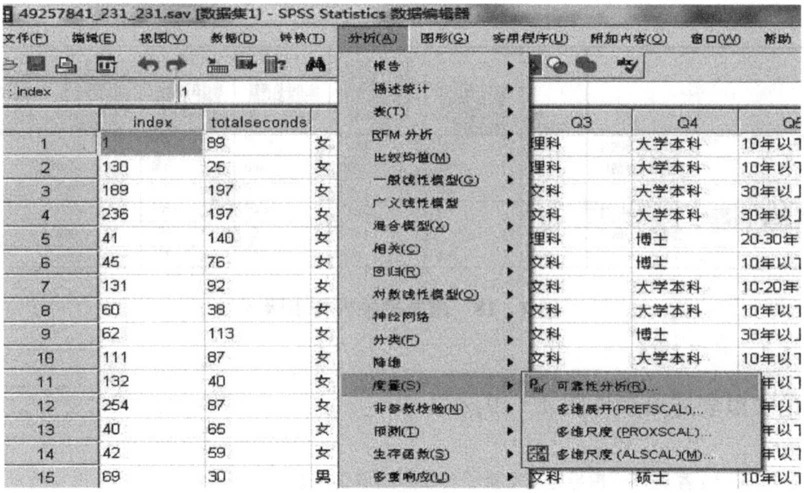

图 4-20　可靠性分析操作步骤 1

打开"可靠性分析"对话框，将所有 15 道问卷题目挪入"项目"框内，点击
"统计量"，打开"可靠性分析：统计量"对话框，点选"如果项已删除则进行度
量"，"项之间"点选"相关性"，依次选择"继续"，"确定"，完成运算（见图 4-21）。

图 4-21　可靠性分析操作步骤 2

SPSS 查看器里可靠性统计量即问卷总信度为 0.882。在"项总计统计量"

表格里,查看项已删除的 Cronbach's Alpha 值,如果某题值大于上面可靠性统计量的问卷总信度 0.882,则表明该题删除后会提高问卷总信度,要予以删除(见图 4 - 22)。

项总计统计量

	项已删除的刻度均值	项已删除的刻度方差	校正的项总计相关性	多相关性的平方	项已删除的Cronbach's Alpha 值
我会在等待电脑信息加载时使用手机等其他显示设备。	54.27	218.025	.492	.412	.876
休闲时间我会选择使用手机等显示设备而不是进行户外运动体育锻炼。	54.31	213.646	.601	.581	.871
使用手机等显示设备时会出现头晕、头痛等症状。	55.77	217.216	.485	.420	.876
我会在吃饭、走路、上厕所时使用手机等显示设备。	54.83	212.365	.570	.409	.873
休闲时间我会选择使用手机等显示设备而不是外出购物聚会娱乐。	55.12	216.110	.565	.442	.873
使用手机等显示设备时会出现眼花、眼睛干涩、胀痛等症状。	55.			14	.871
我在乘坐交通工具时会看手机或车上的显示设备。	54.			14	.877
我会为了拥有更多的屏幕使用时间而影响正常的饮食和作息。	56.16	219.384	.493	.429	.876
使用手机等显示设备时会出现肩膀、颈部的不适感。	55.06	213.267	.605	.499	.871
睡醒后我会第一时间拿起手机。	54.19	210.888	.607	.601	.871
使用手机等显示设备时会出现腰部和尾椎的不适感。	55.62	217.281	.517	.467	.875
经常会在临睡前使用手机等显示设备。	53.87	215.200	.558	.673	.873
我会为了拥有更多的屏幕使用时间而减少与他人在现实生活中的交往。	55.96	217.998	.491	.497	.876
使用鼠标时会有手腕、手指的不适感。	56.00	219.916	.442	.471	.878
在生活中需要等待时我会使用手机等显示设备打发时间。	54.19	213.310	.580	.580	.872

可靠性统计量

Cronbach's Alpha	基于标准化项的 Cronbachs Alpha	项数
.881	.882	15

图 4 - 22 可靠性统计量项已删除表

对可靠性分析在论文里表述如下:

信度检验。对问卷所有题项做可靠性分析,全问卷的 Cronbach 系数为 0.882,每个单独题项删除后都没有高于全问卷信度 0.882,表明问卷全部题目具有良好的内部一致性。

可靠性分析与验证性因素分析中的信度检验是不一样的,可靠性分析是问卷质量项目分析中的一种,要检验的是自编问卷中的某一项目与问卷总体要调查的特质是否一样,比如要调查手机依赖,有一项目问的是"你吃不吃辣椒",那么该题项肯定无法测出被调查者对手机依赖与否。而验证性分析中的信度检验的是全问卷的整体可靠性和分因素的可靠性，不单独拿某一题项进行比较。比如，问卷里关于手机使用时间出了 5 项，那么这 5 项的可靠性符合要求与否。

四、共同性与因素负荷量

共同性是题目能解释共同特质的变异量，值越高表明能测量到的因子程度越多，共同性越大，变量能被因子说明的程度越高，即因子可解释该变量的方差越多。共同性的意义在于说明如果用共同因子替代原始变量后，原始变量的信息被保留的程度。如果某题共同性小于 0.2，则要删除。因素负荷量表示题目与因子关系紧密程度，值越大，越能反映因子，一般要求大于 0.45。[①]

操作如下：

依次选择分析—降维—因子分析（见图 4 - 23）。

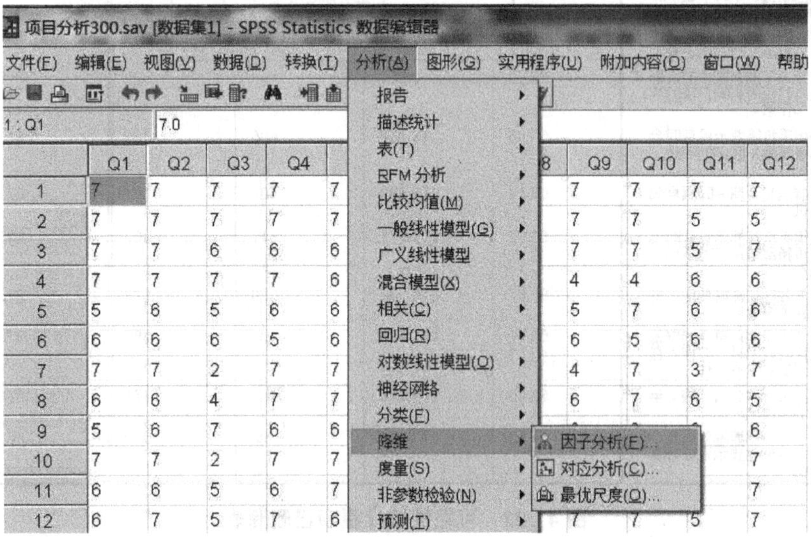

图 4 - 23　问卷共同性与因素负荷量操作步骤 1

在弹出的"因子分析"对话框中，将左侧对话框内全部 15 道问卷题项挪入右侧"变量"框内，随后在右侧菜单"抽取"中选择"因子的固定数量"，输入数字"1"，点击"继续"（见图 4 - 24，SPSS 17 汉化原因看不清，其余版本的这里能看到。17.0 版本"继续"按钮由虚变实即表明输入 1 完成）。

---

① 参见阎晓军. 教育科研方法案例与操作[M]. 北京：北京师范大学出版社，2018：126.

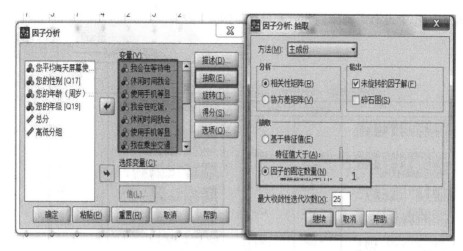

图4‑24 问卷共同性与因素负荷量操作步骤2

然后点击右侧菜单上的"旋转",选择"最大方差法"进行因子分析,点击"继续"(见图4‑25)。

图4‑25 问卷共同性与因素负荷量操作步骤3

在 SPSS 17.0 里,公因子方差即问卷的共同性,要求题项的共同性大于0.20,本问卷共同性为 0.251—0.482,均符合项目分析共同性指标要求(见图4‑26)。

成分矩阵表格里就是每题的因素负荷量,要求大于 0.45(对于因素负荷量的值是有争议的,有的专家认为 0.3 以上即可,本书就高要求选择了 0.45,具体论文创作中可参考具体期刊的意见)(见图 4 - 27)。

公因子方差 ◄—— 共同性

	初始	提取
我会在等待电脑信息加载时使用手机等其他显示设备。	1.000	.332
休闲时间我会选择使用手机等显示设备而不是进行户外运动体育锻炼。	1.000	.469
使用手机等显示设备时会出现头晕、头痛等症状。	1.000	.307
我会在吃饭、走路、上厕所时使用手机等显示设备。	1.000	.423
休闲时间我会选择使用手机等显示设备而不是外出购物聚会/聚餐。	1.000	.404
使用手机等显示设备时会出现眼花、眼睛干涩、脉痛等症状。	1.000	.437
我在乘坐交通工具时会看手机或车上的显示设备。	1.000	.310
我会为了拥有更多的屏幕使用时间而影响正常的饮食和作息。	1.000	.306
使用手机等显示设备时会出现肩膀、颈部的不适感。	1.000	.455
睡醒后我会第一时间拿起手机。	1.000	.482
使用手机等显示设备时会出现腰部或尾椎的不适感。	1.000	.338
经常会在临睡前使用手机等显示设备。	1.000	.425
我会为了拥有更多的屏幕使用时间而减少与他人在现实生活中的交往。	1.000	.304
使用鼠标时会有手腕、手指的不适感。	1.000	.251
在生活中需要等待时我会使用手机等显示设备打发时间。	1.000	.447

提取方法：主成份分析。

图 4 - 26 问卷共同性与因素负荷量操作步骤 4

成份矩阵ª ◄—— 因素负荷

	成份
	1
我会在等待电脑信息加载时使用手机等其他显示设备。	.576
休闲时间我会选择使用手机等显示设备而不是进行户外运动体育锻炼。	.685
使用手机等显示设备时会出现头晕、头痛等症状。	.554
我会在吃饭、走路、上厕所时使用手机等显示设备。	.650
休闲时间我会选择使用手机等显示设备而不是外出购物聚会/聚餐。	.636
使用手机等显示设备时会出现眼花、眼睛干涩、脉痛等症状。	.661
我在乘坐交通工具时会看手机或车上的显示设备。	.557
我会为了拥有更多的屏幕使用时间而影响正常的饮食和作息。	.553
使用手机等显示设备时会出现肩膀、颈部的不适感。	.674
睡醒后我会第一时间拿起手机。	.694
使用手机等显示设备时会出现腰部或尾椎的不适感。	.582
经常会在临睡前使用手机等显示设备。	.652
我会为了拥有更多的屏幕使用时间而减少与他人在现实生活中的交往。	.551
使用鼠标时会有手腕、手指的不适感。	.501
在生活中需要等待时我会使用手机等显示设备打发时间。	.668

提取方法：主成份分析法。
a.已提取了 1 个成份。

图 4 - 27 问卷共同性与因素负荷量操作步骤 5

本次项目分析中的因素负荷量(EFA)与后边的验证性因素分析(CFA)的因素负荷量是不同的,虽然两者数值相差不多,但两者使用的数据不同(试测数据与正式数据),使用的软件也不同。这里的因素负荷量一般是稍高于验证性的因素负荷量(见表 4 - 1)。

本项检验表述如表 4-2 所示：

表 4-1 不同检验步骤下因素负荷量的对比范例

变量名称	测量指标	EFA 载荷	CFA 载荷
实证感知	我清楚了解什么是实证研究	0.596	0.581
Cronbach alpha	指导学生写论文我尽量要求用实证研究	0.658	0.638
＝0.878	我尽量用实证方法发表期刊论文	0.738	0.660
AVE＝0.52	SPSS/amos/python/mplus 等软件我至少会用一种	0.707	0.746
CR＝0.83	我的研究领域可以用实证研究	0.637	0.719
实证信念	我相信自己能掌握实证研究方法	0.623	0.563
Cronbach alpha	指导学生毕业论文或盲审实证研究更容易通过	0.760	0.672
＝0.914	实证研究学术论文更易发表	0.834	0.803
AVE＝0.54	实证研究论文更容易出高级别成果	0.820	0.819
CR＝0.85	我相信实证研究使自己职业更有成就	0.747	0.738
实证动机	我主动学习某种软件（如 excel、SPSS、mplus 等）	0.764	0.784
Cronbach alpha	我会主动向专家请教实证研究方法	0.857	0.793
＝0.948	实证专家的讲座、报告我愿意去参加	0.799	0.808
AVE＝0.63	我有时会在网上进行实证研究学习	0.886	0.719
CR＝0.89	实证软件的课程我有时间会去听	0.808	0.746
支持指导	我所在学校会不定期邀请专家进行研究方法讲座	0.642	0.674
Cronbach alpha	学校会派你去外地参加实证研究会议	0.702	0.638
＝0.902	学校会不定期举行研究方法讨论交流	0.746	0.673
AVE＝0.60	学校很重视教育实证研究的发展	0.852	0.828
CR＝0.88	学校期刊对实证研究很重视	0.728	0.719

表 4-2 共同性与因素负荷量论文表样（样例）

共同性	因素负荷量（EFA）	未达标指标	备注
Q1：0.176	0.419	2	删除
Q2：0.456	0.719	0	保留
Q3：0.318	0.564	0	保留
Q4：0.245	0.541	0	保留
判断标准≥0.200	判断标准≥0.450		

自编量表项目分析综合表述可以参考图 4 - 28。

**量表项目分析统合摘要表

题项	T检验	题总相关	同质性检验		
	决断值		题项删除后 a 值	共同性	因素负荷量
Q4	.000	.456	.908	.352	.593
Q5	#.055	.578	.912	.456	.478
Q6	***	***	***	***	***
Q7	***	***	***	***	***
Q8	***	#***	#.954	***	***
Q23	***	***	***	***	***
判断标准	<.05	>.4	<.950（注）	>.2	>.45

注：0.950 为**量表的内部一致性 a 系数；#为未达标值。

图 4 - 28　项目分析综合表述

五、常见问题及解析

问卷中反向计分题的转换

假设本数据中有 3 道反向计分题,需要将答案 1 到 7 转换成 7 到 1,操作如下：

依次选择转换—重新编码为不同变量(见图 4 - 29)。

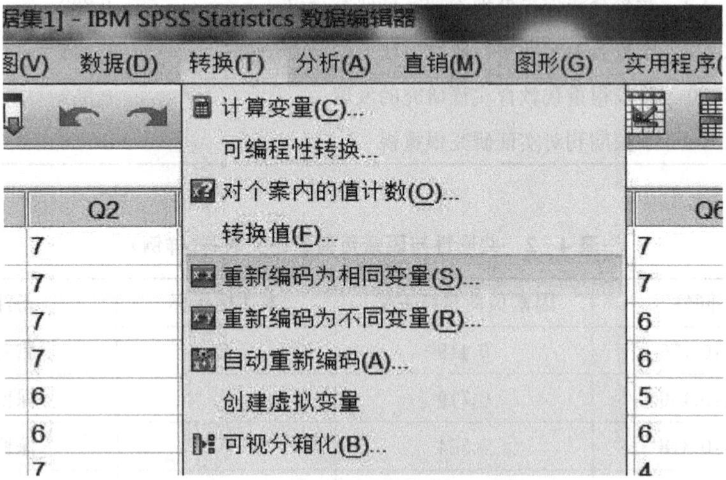

图 4 - 29　问卷反向计分题转换操作 1

　　如图 4‐30 所示,在弹出的"重新编码到相同的变量中"对话框,将左侧需要转换的反向计分条目挪入右侧"数字变量"框中,点击"旧值和新值",在弹出的对话框"重新编码到相同变量:旧值和新值"中输入旧值 1,新值 7(本问卷为 7 级计分值,如果是 5 级计分制,1 要变成 5),旧值 2 变成新值 6,旧值 3 变成新值 5,旧值 5 变成新值 3,旧值 6 变成新值 2,旧值 7 变成新值 1,点击"继续",返回到"重新编码到相同变量"对话框,点击"确定",即完成转换。

图 4‐30　问卷反向计分题转换操作 2

专题五   探索性分析

一、探索性分析要求

探索性因素分析与前面共同性和因素负荷量同采用 SPSS 分析—降维—因子分析，不同的地方在于收集的指标不同、操作参数不同（见本专题图 5－1）。

探索性因素分析主要指标如下：

（1）KMO 与 Bartlett 的球形度检验，KMO 值得在 0 到 1 之间，越接近 1 越适合做因子分析，当 KMO 值小于 0.6 时，已经不适合做因子分析。球形度的检验显著性要小于 0.05。

（2）特征值大于 1。

（3）陡坡图明显转折左边的因子。

（4）所提取的因子共同解释变异率大于 50%。

（5）每个因子题目要大于 3 道（有的学科 2 个题项也符合要求，具体参考学科要求）。抽取后的因素在旋转前至少能解释 2% 的变异率。

（6）双重负荷：某题项在 2 个以上因子因素负荷率为 0.4 以上，则不符合要求。

二、探索性分析基本操作

具体操作分析—降维—因子分析（数据：探索性分析 635.sav），出现"因子分析"对话框（见图 5－1），将单张问卷全部题目挪入"变量"框中，描述里选择（KMO 和 Bartlett 的球形度检验），这是检验是否适合做因子分析的指标（KMO＞0.6 适合做因子分析）（见图 5－2）。

点击"旋转"，选择最大方差法。点击选项"取消小系数"，绝对值输入 0.45（此项操作目的是使同一成分里的题项归类清晰，可不进行），点"继续"（见图 5－3）。

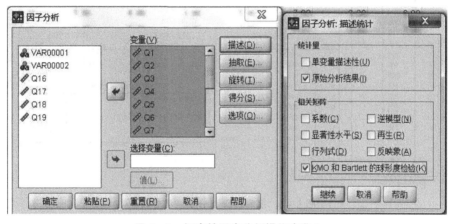

图 5-1 探索性因素分析步骤 1

图 5-2 探索性因素分析操作步骤 2

如图 5-4 所示,从探索性分析的结果查看,KMO 和 Bartlett 的检验要求大于 0.6,本例为 0.916,Sig<0.05,本例为 0.000,符合要求 1;特征值大于 1 的因子共 2 个,符合要求 2;陡坡图明显转折左边保留 2 个因子,符合要求 3(见图 5-5 右侧);所提取的 2 个因子累计贡献率要大于 50%,本例为 58.059%,符合要求 4;2 个因子各保留 8+6 共 14 题项,并且抽取的因素在旋转前分别贡献 44% 和 13%,均大于 2%,符合要求 5;不能有同一题项在 2 个以上成分里都大于 0.4 以上,题项 Q9 不符合本要求,可以考虑删除,其他所有题目不存在双重

负荷现象，符合要求 6。

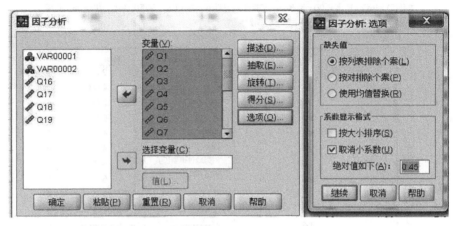

图 5-3 探索性因素分析操作步骤 3

旋转成份矩阵[a]

	成份	
	1	2
Q1	.698	.132
Q2	.796	.175
Q3	.188	.649
Q4	.658	.309
Q5	.593	.350
Q6	.305	.719
Q7	.511	.312
Q8	.202	.747
Q9	.405	.671
Q10	.797	.224
Q11	.225	.755
Q12	.835	.120
Q13	.172	.737
Q14	.046	.797
Q15	.806	.144

提取方法：主成分分析

解释的总方差

成份	初始特征值			提取平方和载入			旋转平方和载入		
	合计	方差的 %	累积 %	合计	方差的 %	累积 %	合计	方差的 %	累积 %
1	6.659	44.394	44.394	6.659	44.394	44.394	4.565	30.434	30.434
2	2.050	13.665	58.059	2.050	13.665	58.059	4.144	27.625	58.059
3	.966	6.440	64.499						
4	.825	5.499	69.998						
5	.644	4.292	74.290						
6	.606	4.041	78.331						
7	.520	3.470	81.801						
8	.488	3.252	85.053						
9	.444	2.959	88.012						

KMO 和 Bartlett 的检验

取样足够度的 Kaiser-Meyer-Olkin 度量。		.916
Bartlett 的球形度检验	近似卡方	5046.985
	df	105
	Sig.	.000

图 5-4 探索性因素分析结果分析

三、探索性因素分析的表述

1. 探索性分析

将问卷的 15 道题目进行探索性分析，得到 KMO 值为 0.916，Bratlett 球形度检验 χ^2 为 5046.985（df=105，Sig=0.000）极其显著，说明项目间关系极佳，非常适合因素分析。

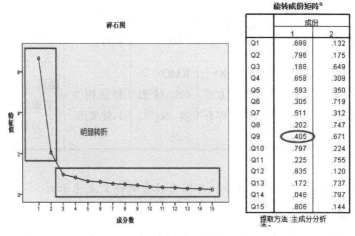

图 5-5 探索性分析双重负荷及碎石图

　　运用主成分分析法提取公共因素。根据因素特征值大于 1 和因素解必须符合陡阶检验确定因素的个数，解析出两个因子，因素陡坡图如图 5-5 所示。得到初始负荷矩阵，再用最大变异法进行旋转，得到转轴后的成分矩阵。

　　两个因素共可解释的总变异量为 58.059%。因子 1 贡献率为 30.434%，包含各种场合对各种屏幕的使用等内容，主要反映对屏幕时间持续的感知与行为倾向，故命名为"屏幕行为倾向"。因子 2 贡献率为 27.625%，包含对屏幕行为后果在躯体和心理方面的负面作用等内容，主要反映屏幕时间过多的后遗症，故命名为"躯体与心理症状"。

表 5-1　因子分析三种功能的操作区别对比

项目	作用	操作：分析—降维—因子分析	指标 1	指标 2	指标 3	指标 4
共同方法偏差	检验系统误差	将所有问卷全部题目放入检验框—确定	特征值大于 1 的因子数量>1	首因子贡献率小于 40%	无	无
共同性与因素负荷量	检验问卷同质性	抽取—因子的固定数量 1—旋转选择最大方差法	共同性（公因子方差>0.2）	因素负荷量（成分矩阵>0.45）	无	无

（续表）

项目	作用	操作：分析—降维—因子分析	指标 1	指标 2	指标 3	指标 4
探索性因素分析	探索问卷结构	描述选择 KMO—旋转选择最大方差法—抽取选择碎石图	KMO ＞0.6，球形度 Sig ＜0.05	特征值＞1，陡坡图	题量＞3，贡献率＞50%	双重负荷＜0.4

2. 屏幕时间量表最终项目分析与探索性分析论文表述示例

▶**项目分析**

对样本 1，采用题目的临界比率值（CR）的方法，加总分后对条目总分取前后 27%进行高低分组，各条目按高低分组进行独立样本 T 检验，所有 15 项题目均通过高低分组独立样本 T 检验。将全部条目与总分做 Pearson 相关分析，删除题总相关系数小于 0.4 的条目。对全部条目进行可靠性分析，总信度系数为 0.88，项已删除后信度系数没有高于总信度的条目。采用因子分析方法对问卷进行同质性检验，本问卷共同性为 0.251—0.482，符合共同性最低 0.2 的要求，本问卷的因素负荷量从 0.501—0.694，符合大于 0.45的最低要求。所有条目均通过项目分析各项检验，不必删除条目。

▶**探索性分析**

将问卷的 15 道题目进行探索性分析，得到 KMO 值为 0.916，Bratlett 球形度检验 χ^2 为 5046.985（df＝105，Sig＝0.000），极其显著，说明项目间关系极佳，非常适合因素分析。

运用主成分分析法提取公共因素。根据因素特征值大于 1 和因素解必须符合陡阶检验确定因素的个数，解析出 2 因子，因素陡坡图如图 5-6 所示。得到初始负荷矩阵，再用最大变异法进行旋转，得到转轴后的成分矩阵。

两个因素共可解释的总变异量为 58.059%。因子 1 贡献率为30.434%，包含各种场合对各种屏幕的使用等内容，主要反映对屏幕时间持续的感知与行为倾向，故命名为"屏幕行为倾向"。因子 2 贡献率为 27.625%，包含对屏幕行为后果在躯体和心理方面的负面作用等内容，主要反映屏幕时间过多的后遗症，故命名为"躯体与心理症状"。

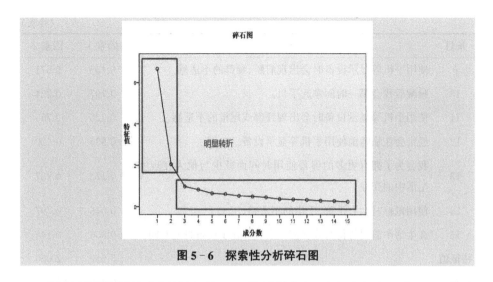

图5-6 探索性分析碎石图

根据预测数据的分析结果,按以下统计学指标删除量表中不合适的项目:①因素负荷值小于0.4的项目;②在两个因素上的负荷值都过高且负荷值相似的条目;③共同性小于0.2的项目;④少于3个条目的维度。每删除一个条目都重新运行一次因子分析。最终得到两个维度,保留14个条目。屏幕时间行为倾向8个条目,躯体与心理症状6个条目。试测最终探索性因素分析结果见表5-2。

表5-2 试测量表的最终探索性因素分析表

条目		因素1	因素2
1	我会在等待电脑信息加载时使用手机等其他显示设备。	0.698	0.132
2	休闲时间我会选择使用手机等显示设备而不是进行户外运动/体育锻炼。	0.796	0.175
3	使用手机等显示设备时会出现头晕、头痛等症状。	0.188	0.649
4	我会在吃饭、走路、上厕所时使用手机等显示设备。	0.658	0.309
5	休闲时间我会选择使用手机等显示设备而不是外出购物/聚会/聚餐。	0.593	0.350
6	使用手机等显示设备时会出现眼花、眼睛干涩、胀痛等症状。	0.305	0.719
7	我在乘坐交通工具时会看手机或车上的显示设备。	0.511	0.312
8	我会为了拥有更多的屏幕使用时间而影响正常的饮食和作息。	0.202	0.747

（续表）

条目		因素 1	因素 2
9	使用手机等显示设备时会出现肩膀、颈部的不适感。	0.405	0.671
10	睡醒后我会第一时间拿起手机。	0.797	0.224
11	使用手机等显示设备时会出现腰部或尾椎的不适感。	0.225	0.755
12	经常会在临睡前使用手机等显示设备。	0.835	0.120
13	我会为了拥有更多的屏幕使用时间而减少与他人在现实生活中的交往。	0.172	0.737
14	使用鼠标时会有手腕、手指的不适感。	0.046	0.797
15	在生活中需要等待时我会使用手机等显示设备打发时间。	0.806	0.144
特征值		6.659	2.050
解释率		30.43%	27.62%

四、常见问题及解析

1. 探索性分析总有指标不合格

探索性分析操作简单，但过程极其复杂，经常会因为数据变动和操作的微调而产生指标的变化。最主要的原因是数据不合格。比如设想的维度"手机依赖"，所有的题项都是关于手机依赖程度，如果没有反向题，那么被试在回答这一维度内的所有题目时，选择应该趋于一致。比如第 1 题选非常依赖，那么后续的所有题都应该继续依赖，如果被试后续又选择不依赖，那么探索性分析就默认这不是同一维度。所以如果样本足够的话，建议删除回答矛盾的样本。

探索性分析不合格的最需要做的一件事就是继续清洗不合格数据，清洗方法见前文。

2. 个别成熟量表不需要探索性分析，直接做验证性分析

专题六　验证性分析

探索性分析是对自编问卷的因子进行挖掘,犹如进山寻宝,不知道会挖到什么。在进行探索性分析之前,不知道能不能正确地分析出自己的构想。如果没有探索到自己想要的因子,就要反复进行问卷调整,直至符合自己的设想。

验证性因子分析是已经知道自己的问卷是怎么构成的,将调查得来的数据与自己的构想进行比较,通过各项指标进行一一比对,数据和构想没有差异,则验证完成,问卷完美。如果数据与模型不匹配,则要对调查数据进行调整。

验证性分析主要包括:①信度分析(总信度及分因子信度、重测信度、效标信度);②效度(内容效度、结构效度及建构效度);③验证性分析需要使用独立的样本(一般自编问卷要求初始问卷编好后,发放至少 100 份,命名为样本 1,进行项目分析;正式问卷收集到的数据一分为二,其一为探索性分析使用,命名为样本 2,其二为验证性分析,进行信度分析和效度分析。也有先进行探索性分析,其次进行项目分析,最后进行验证性分析,请按所在学校及期刊要求选择程序。重测信度样本在正式问卷中标定好的人群,间隔一定时间再进行正式问卷的测验)。

一、信度分析

信度是问卷所测得的结果的稳定性及一致性,信度值越大表明系统误差越小,问卷越可信。自编问卷需要提供问卷总信度、因子信度和重测信度。在李克特态度量表法中常用的信度检验方法为 Cronbach's α 系数,α 信度系数主要反映量表的内部一致性信度,α 系数越高,代表量表的内部一致性越高。表 6-1 是 α 信度系数的判断标准。

表 6-1　α信度系数的判断标准

内部一致性信度系数范围	维度或因子	整个量表
$\alpha < 0.5$	不理想,舍弃不用	非常不理想,舍弃不用
$0.5 < \alpha < 0.6$	可以接受,最好修改	不理想,需要修订
$0.6 < \alpha < 0.7$	尚佳	勉强接受
$0.7 < \alpha < 0.8$	信度高	可以接受
$0.8 < \alpha < 0.9$	理想	信度高
$\alpha > 0.9$	非常理想	非常理想

1. 问卷总信度

打开 SPSS，依次选择分析—度量—可靠性分析（见图 6-1，数据：验证性分析 570.sav）。

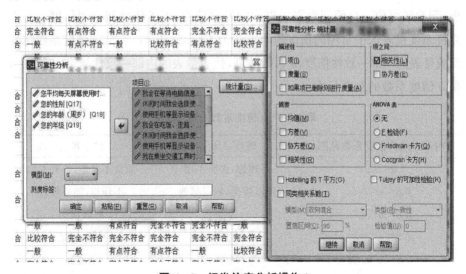

图 6-1　问卷信度分析操作 1

在"可靠性分析"对话框里将自编问卷全部项目挪入右侧"项目"框里，点"统计量"出现"可靠性分析：统计量"对话框，点"项之间"中的"相关性"，依次选择"继续"，"确定"（见图 6-2）。

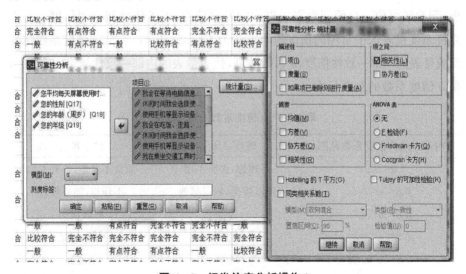

图 6-2　问卷信度分析操作 2

2. 分因子信度

操作同本节问卷总信度操作,只是在挪入分析项目时,要参考专题五因素载荷表(参考表5-2),将同属于一个因子的题目挪入,问卷内其他因子的题目不用挪入。求得的可靠性统计量即为该因子的因子内信度。如问卷因子1的总信度,要将问卷Q1、Q2、Q4、Q5、Q7、Q10、Q12、Q15挪入"项目"分析框内(见图6-3)。本问卷因子1的8道题信度为0.912,因子2的6道题信度为0.897。

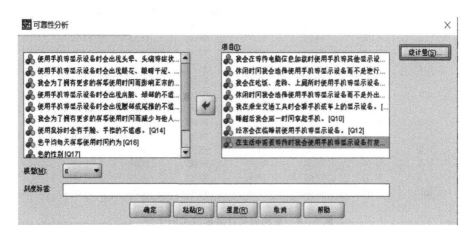

图6-3 问卷信度分析分因子信度示意图

考察总体及各因子的内部一致性信度,结果见表6-2。表明正式新问卷各因子内部题目之间具有较高的内部一致性。

表6-2 正式问卷总体及各因子内部一致性信度

因子	总问卷	屏幕时间行为倾向	躯体及心理症状
a系数	0.933	0.912	0.897

3. 再测信度

仅有一次调查属于横断数据,会有误差影响调查结果,所以有的地方会要求有再测数据纵向数据,可以选取总被试的一部分,间隔一周起到一个月均可以,第二次进行同一问卷回答,两次回答分别按因子加总分做双变量相关,求得的相关系数即为再测信度。

SPSS操作如下(将先后两次测验录入,并计算再次测验的总分及因子分,见102重测.sav):

（1）SPSS—转换—计算变量。

（2）目标变量输入测验 1，代表第一次测验总分，数字表达式里把 14 题全部相加，得到测验 1 的分数。同样操作得到测验 2 分数。因子 1 屏幕时间数字表达式里要输入 1、2、4、5、7、10、12、15 相加之和，得到时间 1 的分数。同样操作得到因子 2 的分数（见图 6 - 4）。

测验1	测验2	时间1	时间2	症状1	症状2	变
69.00	79.00	42.00	46.00	22.00	26.00	
69.00	69.00	48.00	48.00	17.00	18.00	
69.00	77.00	35.00	39.00	28.00	32.00	
69.00	75.00	40.00	44.00	24.00	24.00	
69.00	73.00	41.00	45.00	23.00	23.00	
69.00	81.00	42.00	50.00	22.00	24.00	
69.00	75.00	41.00	42.00	21.00	27.00	
69.00	71.00	44.00	44.00	20.00	20.00	
69.00	77.00	42.00	48.00	21.00	23.00	
69.00	69.00	47.00	45.00	17.00	17.00	
68.00	80.00	41.00	51.00	23.00	25.00	
68.00	78.00	35.00	40.00	28.00	31.00	
68.00	76.00	44.00	48.00	19.00	21.00	

图 6 - 4　重测信度计算总分及因子分

（3）SPSS—分析—相关—双变量（见图 6 - 5）。

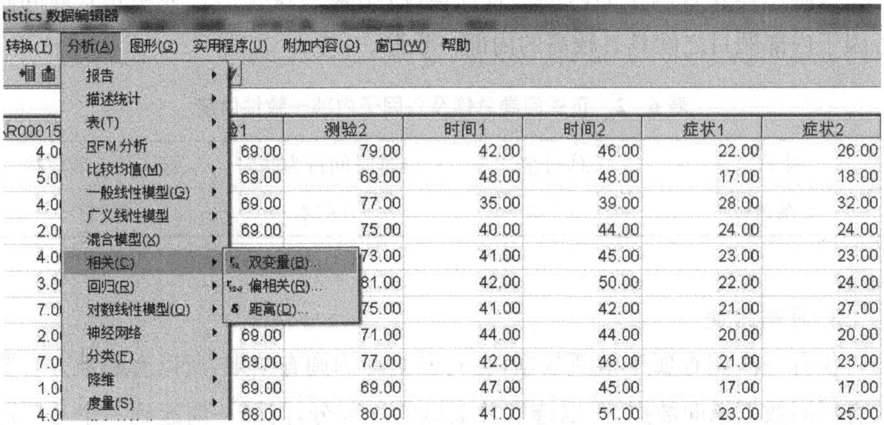

图 6 - 5　重测信度操作过程 1

将刚才计算好的 6 列得分数据挪入"双变量相关"界面右侧变量框内，点击"确定"即可（见图 6 - 6）。

　　图 6‑7 为重测信度结果,即问卷总分的重测信度为 0.758,显著性为 0.000,达到显著水平。因子 1 的重测信度为 0.777,因子 2 的重测信度为 0.900。表 6‑3 为自编问卷再测信度。

图 6‑6　重测信度操作过程 2

相关性

		测验1	测验2	时间1	时间2	症状1	症状2
测验1	Pearson 相关性	1	.758**	.662**	.618**	.805**	.729**
	显著性（双侧）		.000	.000	.000	.000	.000
	N	102	102	102	102	102	102
测验2	Pearson 相关性	.758**	1	.252*	.499**	.808**	.900**
	显著性（双侧）	.000		.010	.000	.000	.000
	N	102	102	102	102	102	102
时间1	Pearson 相关性	.662**	.252*	1	.777**	.114	.114
	显著性（双侧）	.000	.010		.000	.254	.254
	N	102	102	102	102	102	102
时间2	Pearson 相关性	.618**	.499**	.777**	1	.226*	.261**
	显著性（双侧）	.000	.000	.000		.022	.008
	N	102	102	102	102	102	102
症状1	Pearson 相关性	.805**	.808**	.114	.226*	1	.900**
	显著性（双侧）	.000	.000	.254	.022		.000
	N	102	102	102	102	102	102
症状2	Pearson 相关性	.729**	.900**	.114	.261**	.900**	1
	显著性（双侧）	.000	.000	.254	.008	.000	
	N	102	102	102	102	102	102

**.在 .01 水平（双侧）上显著相关。

*.在 0.05 水平（双侧）上显著相关。

图 6‑7　重测信度结果范例

表 6-3　自编问卷再测信度

因子	总分	屏幕时间行为倾向	躯体及心理症状
Pearson 相关	0.758**	0.777**	0.900**

注：* $p < 0.05$，** $p < 0.01$，*** $p < 0.001$。

4. 效标效度

效标效度是自编问卷与选择的参考同类问卷间的相关，一般来说，参考问卷经过多年实践应用，已经具有很高的信效度，所以自编问卷与参考问卷的相关最少要有中等程度的相关。操作方法基本与重测信度操作方法一致。将参考问卷按标准计分方式计算出总分，如果两个问卷维度趋于一致，也应该计算维度分数，进行双变量相关操作，即可得到效标效度，如表 6-4 即为中国大学生地域歧视量表与效标量表的相关系数的参考范例。

表 6-4　中国大学生地域歧视量表与效标量表的相关系数

维度	对地域歧视现象的态度	对地域歧视者态度	对被歧视者的态度
个体歧视知觉	0.52***	0.46***	0.38***
群体歧视知觉	0.56***	0.49***	0.41***
终极公正	−0.35***	−0.15**	−0.33***
内在不公正	−0.57***	−0.44***	−0.45***
内在公正	−0.46***	−0.47***	−0.21***

注：** $P < 0.01$，*** $P < 0.001$。

二、效度分析

效度（validity）即有效性，它是指测量工具或手段能够准确测出所需测量的事物的程度。效度是指所测量到的结果反映所想要考察内容的程度，测量结果与要考察的内容越吻合，则效度越高；反之，则效度越低。自编问卷的效度验证一般包含结构效度和建构效度（聚敛效度和区分效度）。其他种类效度如内容效度可用文字描述专家所给的意见，效标效度可以用相关系数描述。

1. 内容效度

内容效度又称逻辑效度，是指项目对欲测的内容或行为范围取样的适当程度。确定测验内容效度常用的方法是由专家对测验项目与所涉及的内容范围进行符合性判断,这是一种定性分析的方法。对于问卷调查来说,学科专家要先对问卷所涉及领域有较深了解,然后与测验题目进行系统比较,看题目是否能代表所规定的内容。由于这种测验的效度主要与测验内容有关,所以叫内容效度。内容效度一般是由专家来判断。

2. 结构效度

结构效度(拟合度指数)是指个人论文构建的模型与收集得来的数据间的契合程度。此处要用到 Amos 软件进行建模和数据匹配。Amos 与 SPSS 属同一公司出品,数据通用,图形化操作简便易懂,因此可轻松操作。本书以验证性分析 570.sav 为例,演示使用 Amos 软件检验拟合度指数的过程。

如图 6-8 所示,Amos 软件分为 3 列,最左侧各种图形按钮是常用功能区,中间一列是模型运算是否成功的结果显示区,最右侧是绘图区,软件的顶部为菜单栏。Amos 软件最大的优点是图形化操作形象直观,难点在于各种统计学指标,拟合度参数和高级模型的建构。

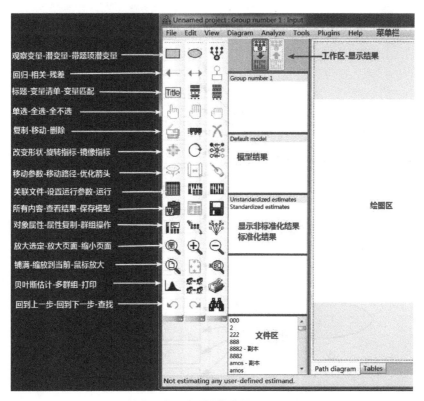

图 6-8　Amos 软件操作界面

Amos 具体操作如下：

(1)点击"潜变量"在画图区画圆,点击"带题项潜变量"到椭圆处点击 8 下(本问卷因子 1 有 8 道题),再点击"旋转指标",然后到刚刚建立的图形椭圆处点击鼠标左键,可形成图 6-9 所示图形。

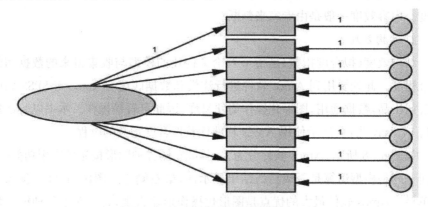

图 6-9　Amos 屏幕时间量表验证 1

(2)重复此操作,点击 6 下,并旋转,形成如图 6-10 所示图形。

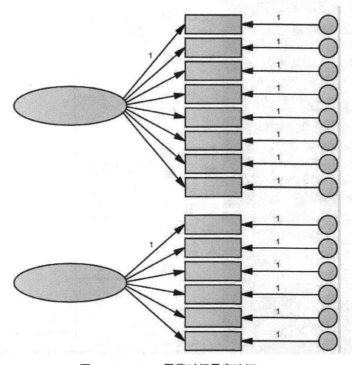

图 6-10　Amos 屏幕时间量表验证 2

（3）用鼠标双击一个椭圆，出现命名对话框，在"Variable name"处输入屏幕时间行为倾向。不用关闭对话框，继续单击下边的椭圆框，输入"躯体与心理症状"（见图 6 - 11）。

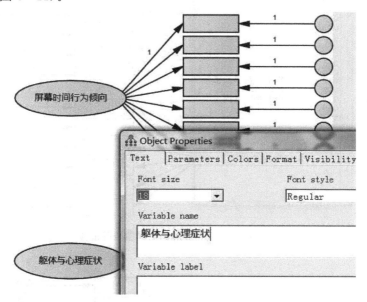

图 6 - 11　Amos 屏幕时间量表验证 3

（4）点击关联文件，出现 date-file 对话框，点击 file-name 将验证性分析 570.sav 数据导入。

（5）点击"变量匹配"按钮，将屏幕时间量表因子 1 包含的题目 1、2、4、5、7、10、12、15 逐一用鼠标左键按住拽入右侧潜变量题目框内，然后松手。重复此操作，将 3、6、8、11、13、14 填入躯体与心理症状右侧潜变量题目框内（见图 6 - 12）。

（6）用图 6 - 8 中第四行第一个单手指按钮将所有椭圆依次点中，在菜单上点击"Plugins-draw covariances"，该软件会自动将潜变量椭圆间画上相关箭头。再点击"Plugins-name unobserved variables"，会自动将右侧小圆内表示测量误差的部分填上编号（见图 6 - 13）。这时一定要点保存按钮，因为不保存就计算是会出错的。最后将这个模型保存成文件。

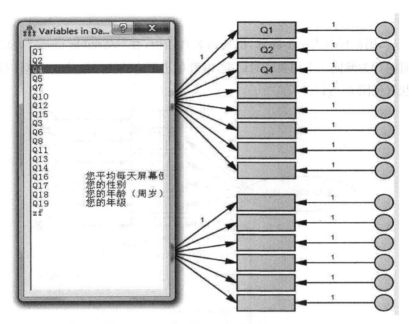

图 6‑12　Amos 屏幕时间量表验证 4

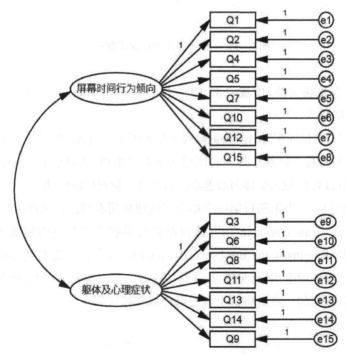

图 6‑13　Amos 屏幕时间量表验证 5

(7)保存完毕后,点击运算参数设置,将弹出来的对话框里 Output 栏里的勾全选上(有的电脑不显示关掉该对话框,双击此对话框即可关闭),再点击"计算模型(即运行)",点"查看结果"即完成 Amos 屏幕时间量表拟合度指数验证(见图 6 - 14)。

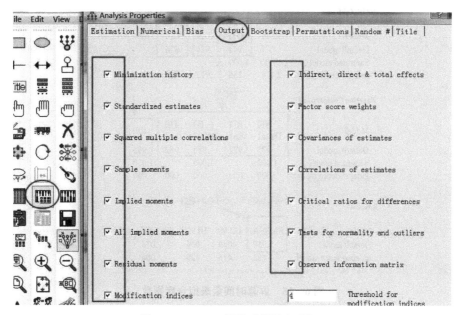

图 6 - 14　Amos 屏幕时间量表验证 6

(8)点击查看具体运算结果,选择 Model Fit(模型适配),右侧就是模型拟合度指数,摘抄即可(见图 6 - 15)(数据为验证性分析 570.sav)。

表 6 - 5　屏幕时间量表验证性因素分析拟合指数

χ^2	Df	χ^2/df	GFI	AGFI	IFI	TLI	CFI	RMSEA
246.565	86	2.867	0.944	0.921	0.985	0.982	0.985	0.057
越小越好		<3	>0.9	>0.9	>0.9	>0.9	>0.95	<0.08

问卷所有拟合指数都在合理范围内,因此屏幕时间量表对数据的拟合较好。需要注意的是,不需要全部指标完全符合,可以有个别指标不达标。当绝大部分指标符合后,我们就可以说自编问卷的拟合指数非常好,即调查数据与理论模型的适配度非常好。至此,结构效度(拟合度指数)验证完成。当问卷拟合度达不到

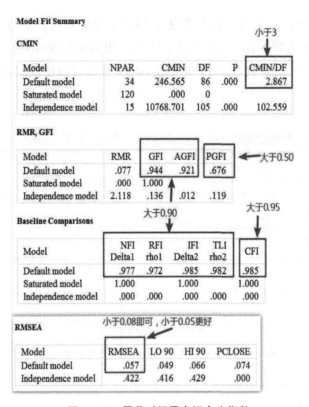

图 6 - 15　屏幕时间量表拟合度指数

指标要求时,需要进行 MI 修正(见本专题最后常见问题及解决处)。

3. 建构效度之聚敛效度

建构效度是一种最严谨的效度检验方法,是用来解释问卷能够测量到的心理特质数量的指标。其步骤为:个体建构模型→自编问卷调查→使用收集数据验证模型(符合统计指标则建构完美)。

因为检验步骤属于验证性因素分析,所以要用到结构方程模型软件,如 LISREL 或 Mplus 或 Amos 等,这里介绍用 Amos 软件获取聚敛效度的方法。

(1)根据结构效度 Amos 操作完成后,进行运算,得到标准化结果:8 道屏幕时间行为倾向题项标准化回归系数分别为 0.85、0.89、0.90、0.87、0.87、0.89、0.89、0.88(见图 6 - 16)。这些用来计算聚敛效度。

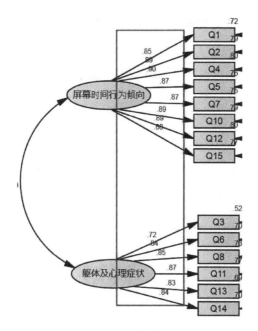

图6－16　Amos聚敛效度操作

　　（2）也可以打开查看"具体结果运算结果"按钮，点中"Estimates"，右侧出现"Standardized Regression Weights"（标准化回归系数），会出现自编问卷每题对所属因子的贡献量，即因素负荷量（见图6－17）（和方法1中的数值相同），将这些标准化回归系数代入公式，即可算出组合信度（CR）和平均变异抽取量（AVE），聚敛效度的统计学要求是 CR>0.50，AVE>0.5。

Amos Output

Standardized Regression Weights: (Group number 1

☐ zxx.amw
⊞ Analysis Summary
　Notes for Group
⊞ Variable Summary
　Parameter Summary
　Assessment of normality
　Observations farthest from the centroid (Mahalanobis distance)
⊞ Sample Moments
⊞ Notes for Model
☐ Estimates
　☐ Scalars
　　Regression Weights:
　　Standardized Regression Weights:
　　Covariances:
　　Correlations:
　　Variances:
　　Squared Multiple Correlations:
　⊞ Matrices
⊞ Modification Indices
　Minimization History
⊞ Pairwise Parameter Comparisons

			Estimate
Q1	<---	屏幕时间行为倾向	.848
Q2	<---	屏幕时间行为倾向	.891
Q4	<---	屏幕时间行为倾向	.895
Q5	<---	屏幕时间行为倾向	.873
Q7	<---	屏幕时间行为倾向	.867
Q10	<---	屏幕时间行为倾向	.890
Q12	<---	屏幕时间行为倾向	.893
Q15	<---	屏幕时间行为倾向	.880
Q3	<---	躯体及心理症状	.723
Q6	<---	躯体及心理症状	.837
Q8	<---	躯体及心理症状	.854
Q11	<---	躯体及心理症状	.875
Q13	<---	躯体及心理症状	.828
Q14	<---	躯体及心理症状	.837

图6－17　Amos计算聚敛效度需求表格（标准化回归系数表）

组合信度与平均变异抽取量计算方法如图 6‑18 和图 6‑19 所示。

测量指标	因素负荷量	信度系数	测量误差	组合信度	平均变异量抽取值
VA1	0.813	0.661	0.339		
VA2	0.840	0.706	0.294		
VA3	0.817	0.667	0.333		
VA4	0.690#	0.476#	0.524		
				0.870	0.628
VB1	0.712	0.507	0.493		
VB2	0.716	0.513	0.487		
VB3	0.751	0.564	0.436		
VB4	0.780	0.608	0.392		
				0.829	0.548
VC1	0.752	0.566	0.434		
VC2	0.781	0.610	0.390		
VC3	0.870	0.757	0.243		
VC4	0.827	0.684	0.316		
				0.883	0.654

注:#表示未达最低标准值,因素负荷量<.70　信度系数<.50

三个潜在变量的组合信度分别如下:

$$\rho_{c1} = \frac{(0.813+0.840+0.817+0.690)^2}{(0.813+0.840+0.817+0.690)^2+(0.339+0.294+0.333+0.524)} = 0.870$$

$$\rho_{c2} = \frac{(0.712+0.716+0.751+0.780)^2}{(0.712+0.716+0.751+0.780)^2+(0.493+0.487+0.436+0.392)} = 0.829$$

$$\rho_{c3} = \frac{(0.752+0.781+0.870+0.827)^2}{(0.752+0.781+0.870+0.827)^2+(0.434+0.390+0.243+0.316)} = 0.883$$

图 6‑18　自编问卷组合信度计算公式

$$\rho_v = \frac{(\sum \lambda^2)}{[(\sum \lambda^2)+\sum(\theta)]} = \frac{(\sum 标准化因素负荷量^2)}{[(\sum 标准化因素负荷量^2)+\sum(\theta)]}$$

$$\rho_{c1} = \frac{(0.813^2+0.840^2+0.817^2+0.690^2)}{(0.813^2+0.840^2+0.817^2+0.690^2)+(0.339+0.294+0.333+0.524)} = 0.628$$

$$\rho_{c2} = \frac{(0.712^2+0.716^2+0.751^2+0.780^2)}{(0.712^2+0.716^2+0.751^2+0.780^2)+(0.493+0.487+0.436+0.392)} = 0.548$$

$$\rho_{c3} = \frac{(0.752^2+0.781^2+0.870^2+0.827^2)}{(0.752^2+0.781^2+0.870^2+0.827^2)+(0.434+0.390+0.243+0.316)} = 0.654$$

三个潜在变量的平均方差抽取值分别为 0.628,0.548,0.654,均高于 0.50 的标准,表示模型的内在质量理想。

图 6‑19　自编问卷平均变异抽取量计算公式

两个统计指标的运算都要用到刚才 Amos 软件计算的标准化回归系数。

如果担心计算出错,可以在网上搜索 AVE 计算工具。自编问卷之聚敛效度表述如图 6‑20 所示:

4. 建构效度之区分效度

个人自编问卷需要确定变量,根据变量编制题目,编制的题目要聚敛在对应的因子下,这是聚敛效度。同时,编制的题目要和其他变量的题目区分开,这时要求取区分效度。

聚敛效度的含义是关系 8 道都是因子屏幕时间量表因子屏幕时间行为倾

题号	因子名称	因子载荷	AVE	组合信度
q8	情绪影响	0.757		
q9	情绪影响	0.766		
q10	情绪影响	0.768	0.53	0.82
q12	情绪影响	0.613		
q16	人格影响	0.613		
q17	人格影响	0.686		
q18	人格影响	0.744	0.50	0.86
q19	人格影响	0.696		
q23	认知影响	0.849		
q24	认知影响	0.711	0.58	0.80
q25	认知影响	0.708		

图 6 - 20　聚敛效度论文表述示意图

向的题目,他们之间的相关要高,对屏幕时间行为倾向贡献大。但任意一个题目与另一个因子躯体与心理症状里面的 6 道题目相关又要小,泾渭分明。

区分效度操作如下:打开查看"具体结果运算结果"按钮,依次选择 Estimates—Matrices—Implied(for all wariables) Covariances(见图 6 - 21)。

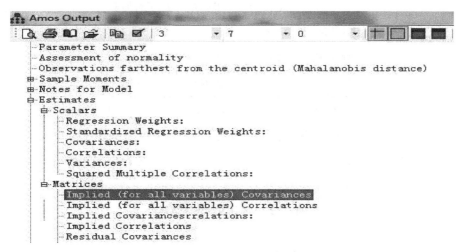

图 6 - 21　区分效度操作 1

右侧出现自编问卷的因子间关系表,选中因子间相关部分,复制到 WORD 中制成表格。图 6 - 22 被选中的区域即个人问卷因子间的相关系数,对角线要添加因子内部的 AVE 值(本量表只有两个维度,因此以其他案例代替)。

Implied (for all variables) Covariances (Group number 1 - Default model)

	因子四	因子三	因子二	因子一	D5	D4	D3	D2	
因子四	.349								
因子三	.163	.442							
因子二	.051	.194	.302						
因子一	.044	.041	.051	.527					

图 6－22　区分效度操作 2

图 6－23 是关于区分效度表述的范例。

表 8　教师可信度问卷区分效度

	教师影响力	教师胜任力	教师形象
教师影响力	0.724		
教师胜任力	0.509***	0.736	
教师形象	0.495***	0.363***	0.735

注：*** p 值小于 0.001；对角线为 AVE 平均方差变异抽取量。

由此可知，教师形象，教师胜任力，教师影响力之间均具有显著的相关性（p<0.001），另外相关性系数绝对值且均小于所对应的 AVE 的平方根，即说明各个潜变量之间具有一定的相关性，且彼此之间又具有一定的区分度，即说明量表数据的区分效度理想。

图 6－23　区分效度表述范例

◎◎◎区分效度模型比较法：

区分效度还可以使用 Amos 的模型比较法来进行验证。原模型的各种拟合度指数与因子间混合模型的拟合度指数进行比较，当因子间混合模型的拟合度指数显著不如原模型时，我们就认为原模型具有良好的区分效度。表 6－6 是论文中常见的区分效度模型比较结果，操作示意如图 6－24 所示。

表6-6　区分效度模型比较法

编号	模型	χ^2	Df	χ^2/df	NFI	CFI	RMSEA	模型比较	$\triangle\chi^2$	$\triangle df$
1	原模型	443.754	164	2.706	0.886	0.925	0.074			
2	三因子模型一	860.414	167	5.152	0.780	0.813	0.115	2VS1	416.66 ***	3
3	三因子模型二	883.349	167	4.990	0.787	0.821	0.113	3VS1	389.595 ***	3
4	三因子模型三	611.314	167	3.661	0.843	0.880	0.092	4VS1	167.56 ***	3
5	二因子模型一	1028.101	169	6.083	0.737	0.769	0.128	5VS1	584.347 ***	5
6	二因子模型二	1142.217	169	6.759	0.707	0.738	0.136	6VS1	698.463 ***	5
7	二因子模型三	1104.631	169	6.536	0.717	0.748	0.133	7VS1	660.877 ***	5
8	单因子模型	1414.797	170	8.322	0.638	0.665	0.153	8VS1	971.043 ***	6
指标				<3	>0.90	>0.90	<0.05			

注:三因子模型一:因子1+因子2,因子3,因子4;三因子模型二:因子1,因子2+因子3,因子4;三因子模型三:因子1,因子2,因子3+因子4;二因子模型一:因子1+因子2,因子3+因子4;二因子模型二:因子1+因子3,因子2+因子4;二因子模型三:因子1+因子4,因子2+因子3;单因子模型:因子1+因子2+因子3+因子4。

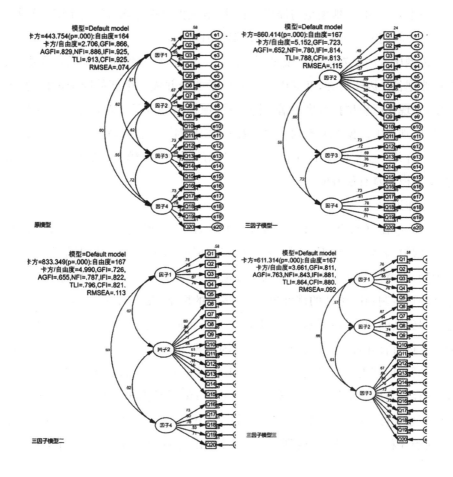

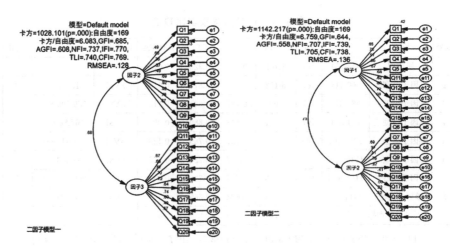

图 6 - 24　区分效度模型比较图示

由上表可知，其他模型与原模型相比，各项拟合指标均有显著下降，说明原模型具有较高的区分效度。下图为自编 4 因素问卷的模型比较图示：

模型比较法要先绘制原模型（见图 6 - 24），运行得到原模型拟合度指数，然后要把各个因子合并，变成因子 1 和因子 2 合并成一个新的因子，再运算拟合度，发现比原模型拟合度显著下降，说明原模型的因子 1 和因子 2 不是同一因子，区别很大。据此原理，将原模型因子 2 和因子 3 合并；将原模型因子 3 和因子 4 合并……发现都不如原模型拟合度好，则说明原模型是最恰当的因子结构，即原模型具有最好的区分效度。

操作过程：

首先绘制好原模型，并进行复制和粘贴操作，会形成一个原模型副本的新文件，假设四因子模型不是区分效度最好的模型，同时三因子模型是最好的区分模型，将原模型副本因子 1 和因子 2 进行合并，删掉一个因子 1，将因子 1 的全部题目绘制到因子 2 的椭圆里，保存成新的模型，命名为三因子模型 1，然后运算得到新的拟合度指数，并记到表 6 - 6 里。同理，因子 1 不动，将因子 2 和因子 3 进行合并，保存成新模型文件三因子模型 2，然后运算得到新的拟合度指数，同样记到表 6 - 6 里。再将因子 1 和因子 2 不动，将因子 3 和因子 4 合并，保存成新模型文件三因子模型 3，并运算；最后是因子 1 和因子 4 合并，得到新模型文件三因子模型 4。之后绘制二因子模型，可以将因子 1 和因子 2 合并，因子 3 和因子 4 合并，得到新模型文件二因子模型 1；将因子 1 和因子 3 合并,因子2和因子4合并得到新模型文件二因子模型2;将因子1和因子4合并,因子2和因子3合并得到新模型文件二因子模型3。

在表6-6中,所有的模型拟合参数比较中,只有原模型的各项拟合指标在合格范围内,其他各个模型均不合格,这表明只有四因子模型是最能区分本问卷的最好模型。

至此,所有指标均合格后,自编问卷项目分析、探索分析和验证分析全部完成。

三、常见问题及解析

自编问卷不达标有诸多原因,以下从6个角度来逐一分析:

1. 因子分析不达标

因子分析探索时与原来设想的维度不一致。这是自编问卷最常见的一种错误。可能的原因有:

(1)反向题没有转换或计分趋势不一致。SPSS进行因子分析时,必须要将反向计分题转换成同向计分。比如,分越高,手机依赖越严重,那么所有的题项都要将手机依赖强的行为放到选项的后面,如果弄反了,因子分析就会乱套。

(2)没有测谎题项,调查数据质量太差。调查问卷不可避免地会遇到被试根本不认真回答,敷衍了事的情况。在自编问卷中加入同样的问题不同的问法,即所谓的Lie部分的题项,我们可以删掉不认真回答的问卷。

(3)题项设计本身存在不足。这是源于研究者自身思维的不足,并不了解维度的本质,没有认真听取专家的意见或没有认真考虑被试的情况,问题题项不严谨。所以要么删除串因子的题项,要么重新编制调查问卷。

2. T检验、题总相关不过关

如果问卷项目本身没有问题的话,那可能是调查得来的数据中不真实的答案比较多。网络时代,有不少学生根本不认真看问题,胡乱选会造成前后回答不一致,根本没效度。这时就要先筛选真正有效的回答。所以在问卷里加入测谎题目是非常有必要的。

如果数据经过筛选是真实有效的,那么就要考虑删掉不合格的题项。所以在问卷编写之初每维度最少要5道题,哪怕经过删除也会剩余3项以上,符合自编问卷的最低要求。

3. 结构效度不达标

拟合度指数当然是越接近要求越好，如果不合格指标过多，第一种可能是问卷编制不合格，可以通过删题、改题、重新编制等来提高；第二种可能是回收的数据有缺失值，有乱答的，属于调查数据不合格，可通过删除不合格样本，或重新寻找新被试再次进行调查等解决。

有一种常见办法是进行 MI 修正。如图 6-25 所示，CMIN/DF＝7.109＞3，RMSEA＝0.98＞0.8，各种残差 NFI、RFI、TLI 均不到 0.9，所以拟合度可以说很差。

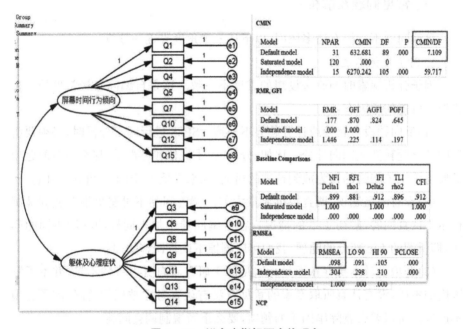

图 6-25   拟合度指标不合格现象

解决办法：在 Amos 中点击查看输出结果，在弹出的对话框中点击"Modification Indices"，在右侧"Modification Indices"详细列表里将 MI 列最大的数值所代表的误差号记住（见图 6-26）。

返回到 Amos 中，点击左侧双箭头，然后在右侧模型操作区将 MI 数值最大的几个误差连上（见图 6-27）。经修正后，拟合度指数表现很完美（见图 6-28）。

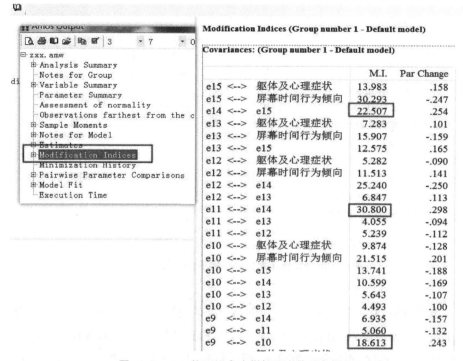

图 6－26　MI 修正拟合度指标不合格现象操作 1

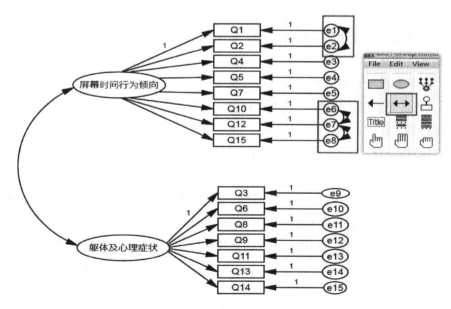

图 6－27　MI 修正拟合度指标不合格现象操作 2

Baseline Comparisons

Model	NFI Delta1	RFI rho1	IFI Delta2	TLI rho2	CFI
Default model	.938	.921	.950	.937	.950
Saturated model	1.000		1.000		1.000
Independence model	.000	.000	.000	.000	.000

RMSEA

Model	RMSEA	LO 90	HI 90	PCLOSE
Default model	.077	.069	.084	.000
Independence model	.304	.298	.310	.000

| Independence model | 1.000 | .000 | .000 |

图 6 - 28   MI 修正拟合度指标不合格现象操作 3

重要强调：修正首先要看被修正的题项间的逻辑联系。如果两个题项在理论上没有共变的逻辑，绝对不能勉强。其次，修正数量不能过多，统计上一般以3 条为上限。再次，不能跨维度修正，即屏幕时间行为倾向维度内的题，不能和躯体及心理症状维度里的题画共变。最后，只能在误差变量上修正。

4. 建构效度不合格

聚敛效度和区分效度不合格是经常发生的事，要从问卷本身和数据来源两方面进行调整。

5. 模型图绘制经常跑不出来或出错

(1)首先要保存成文件，若不保存则无法计算，如图 6 - 29 所示，解决办法即保存成文件。

(2)缺误差变量要绘制进去。在绘制结构方程模型时，中介变量和因变量要添加误差变量(见图 6 - 30)。

(3)数据有缺失值，要在 SPSS 软件里把缺失值补齐。常见的缺失值是漏填了某个题项，比如没写年龄。需要补齐或删除个案，否则就会出现图 6 - 31的情况。还有一种是无漏填但是在数据的粘贴复制过程中，操作遗留了一批小点，没有数据，只有一个个的英文句点，这也是一种缺失值，需要补齐或删除个案。

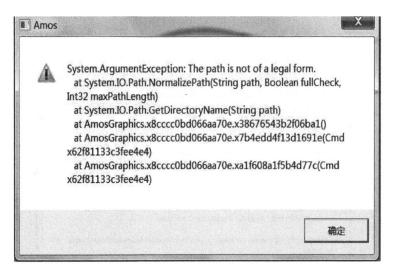

图 6 – 29　Amos 常见错误 1:模型图未保存成文件

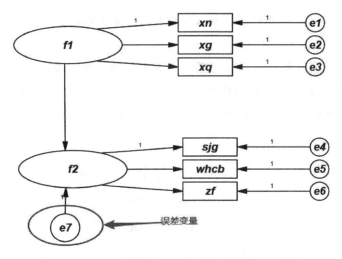

图 6 – 30　Amos 常见错误 2:模型图未添加误差变量

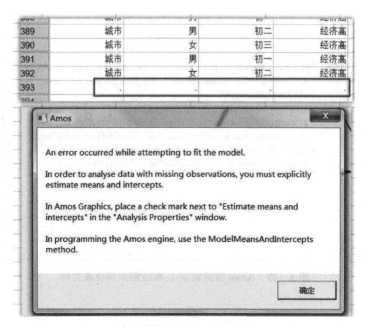

图 6 - 31 　Amos 常见错误 3：有缺失值报错

　　(4)跑模型后无反应，即本该显示结果的红箭头不出现。一种情况是在绘制模型图时将路径值给误删除了(见图 6 - 32)。此时只需双击路径，在弹出的"Object Properties"对话框中的"Parameters"处，在"Regression weight"处添加 1 即可(见图 6 - 33)。

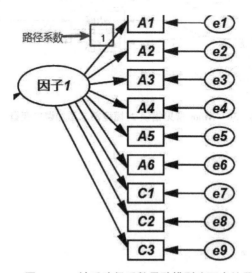

图 6 - 32 　缺乏路径系数导致模型跑不出结果

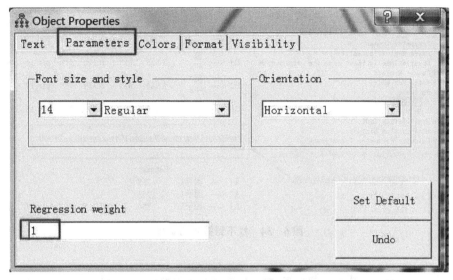

图 6 - 33　缺乏路径系数导致模型跑不出结果解决方案

　　另一种情况几乎都是数据本身的问题。样本容量,最少要有效数据 200 份以上。

　　共线性问题(比如有两列数据完全一样,Amos 就会认为共线性太高,无法运算),造成运算矛盾。

　　数据太差,表现在太多回答自相矛盾。这时需要把无效回答、矛盾回答进行清洗。

　　在每种跑不出来的具体情况下,都会有英文提示,读者可以细心看提示进行修改。

　　(5)找不到自己想要的输出参数。

　　如图 6 - 34 所示,这种情况是在模型输出参数设置时,没有选择输出哪些参数。

　　解决办法:点击彩色琴键图标"Analysis properties",在弹出的参数设置"Output"窗口,将所有的选项全部勾选。

　　(6)Amos 模型绘制时,标签没有删除。出现如图 6 - 36 的情况,导致无法看清原图。

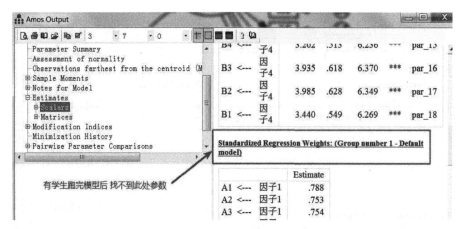

图 6－34　找不到需要的参数

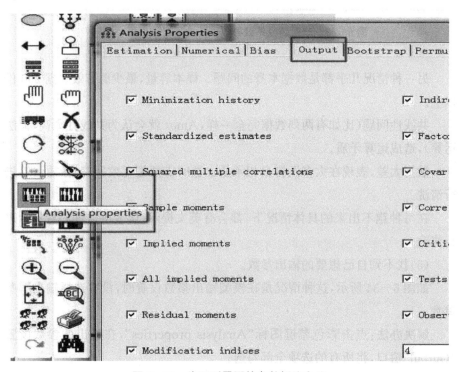

图 6－35　找不到需要的参数解决办法

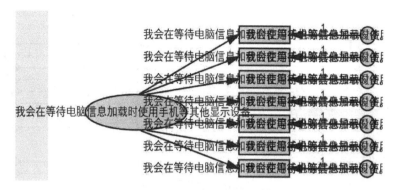

图 6 - 36　Amos 默认标签显示

这是因为绘制模型图时没有把 SAV 文件里的标签重新命名,导致 Amos 默认显示观察变量的标签。处理方法一是在 SPSS 里将 SAV 文件的标签删除或者重新用字母命名;二是在 Amos 模型图上双击带汉字的方框,在弹出的对话框中将"Variable label"里的汉字删除,就会默认显示"Variable name"的值为 Q1,也可以将"Variable label"里的汉字改成所需的字母。

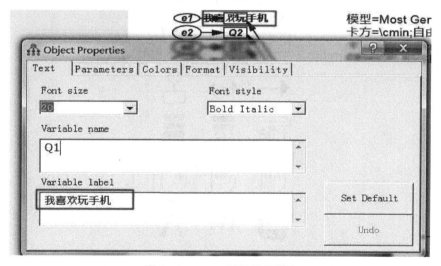

图 6 - 37　Amos 默认标签删除

(7)Amos 观察变量只能输入一个。

有学生在绘制 Amos 模型并输入观察变量时,反映只能挪入一个观察变量(见图 6 - 38),这是因为操作时把所有变量全选了,点击操作界面三个小手指那行,最右侧全不选即可解决(见图 6 - 39)。

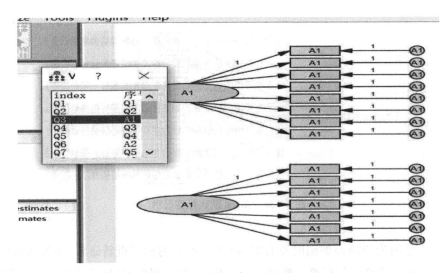

图 6‑38　模型只能输入一个观察变量现象

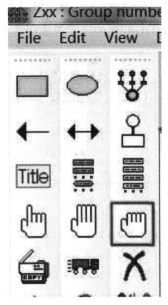

图 6‑39　模型只能输入一个观察变量解决办法

6. 内部一致性系数太低或太高(验证性分析)

内部一致性系数绝对值一般不能低于 0.6,不然显得可信度太低。一般也不能超过 0.90,否则感觉很假,还有可能是所有题目重复测量同一特质,造成问卷可信度不高。重测信度越高越好,这个可以在 0.9 以上。

附录：自编正式问卷样例

初中生生命价值观正式问卷

亲爱的同学：

您好！欢迎您参加有关初中生生命价值观的调查。本问卷收集的数据仅供学术研究用途，决不公开或用作他途，请您放心作答。答案无对错之分，无须过多思考。

注意：每题都要作答，且每题只能选一个答案，请不要多选或漏选。感谢您的合作！

个人基本信息请在适合您的选项上打"√"。

1. 性别：　①男　　②女

2. 年级：　①初一　　②初二　　③初三

3. 是否独生子女：①是　　②否

4. 是否单亲家庭：①是　　②否

对于以下的每个题目请您选择一个最符合您实际情况和真实想法的选项（1＝非常不同意，2＝比较不同意，3＝不确定，4＝比较同意，5＝非常同意），并在相应的数字上打"√"。

1. 我愿意死后捐献出自己的器官给需要的人	2. 我想成为像雷锋一样为人民服务的人
3. 如果能让周围人快乐，我愿意自己承受痛苦	4. 我认为自己属于知足常乐，活在当下的人
5. 真正的人生意义在于体验苦难	6. 我觉得自己很幸福
7. 任何情况，我都能珍惜生命，热爱生活	8. 自杀是对生命、他人和社会极度不负责任的
9. 尊重其他生命体也是对自己生命的尊重	10. 不能为了自身利益而伤害动植物的生命
11. 既然拥有生命就应该好好珍惜	12. 我认为每个人都应该敬畏生命
13. 我有明确的人生理想，对未来充满憧憬	14. 任何时候我都不会放弃生的希望
15. 我希望我将来的生活是丰富多彩的	16. 生命只有一次，需要珍惜
17. 自己获得他人认可，就实现了人生意义	18. 我会积极乐观地面对生活中的困境
19. 人生是一个完善道德、履行责任的过程	20. 我是一个有目标、有理想的人

（续表）

21. 我愿意为了追求理想和信仰付出一定代价	22. 无论在什么地方，我都有自己的责任
23. 我乐于帮助那些需要帮助的人	24. 面对突发生存危机，我非常了解各种技能
25. 我能够管理好自己的情绪，不做后悔的事情	26. 我愿意和朋友诉说我的心情
27. 无论我心情多糟糕，都不会做出伤害自己的事	28. 做每件事情我都会非常认真、不遗余力

第三编
结构方程模型

专题七 结构方程模型基础

一、模型建构基础

模型建构是近年比较盛行的实证写作手段,所谓的模型是为了特定目的对认识对象进行一种简化的概括性的描述,是对复杂事物的简单描述的方法。模型的好处是使复杂的知识形象化、直观化,可以直指问题的本质,可以梳理知识之间的内在关系。

在教育研究中,人的发展受各种复杂条件的影响,梳理影响因素的大小,可以给教师、家长和其他人员提供参考,将复杂的培养问题简化。

如图 7-1 所示,近年来随着自媒体的流行,任何人都可以在网络上发表看法,对教师的批评越来越多,这种批评对教师的影响一定是负面的,使教师的幸

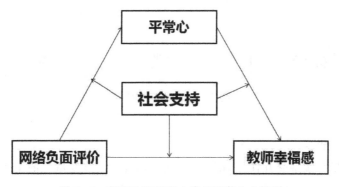

图 7-1 教育心理研究中常见调节中介模型

福感下降,即网络负面评价显著预测了教师幸福感,这是直接效应显著。如果教师有一颗平常心,不为外界批评所动,坚持自己的教学原则,那么通过这个中介效应,教师幸福感受到的影响就会小,所以中介路径为解决教师幸福感下降起到了一种指导作用,教师自身要培养平常心,抵御网络铺天盖地的负面嘲讽。当主流媒体为教师发声,当教育主管部门真正支持教师,当学生家长支持教师时,社会支持的增多无疑会显著地调节这种现象,即社会支持的多少(调节作用)会增加或减少教师幸福感。

教育研究中常用模型有多种。我们实证入门主要涉及中介模型、调节模型、有调节的中介模型和多重中介模型。

1. 中介模型

中介变量(mediator)在心理、教育、社会和管理等研究中扮演着重要的角色。如果自变量 X 通过某一变量 M 对因变量 Y 产生一定影响,则称 M 为 X 和 Y 的中介变量或 M 在 X 和 Y 之间起中介作用。中介研究的意义在于帮助我们解释自变量和因变量关系的作用机制,也可以整合已有变量之间的关系。当自变量显著影响到了因变量之后,人们通常试图寻找一个中间变量,可以在二者之间进行缓冲。比如,教师欲管理某专业大学生,这些学生不认识此教师,不服从管理,直接效应不显著,教师通过辅导员对学生进行管理,那么辅导员就是中介变量(见图 7-2)。

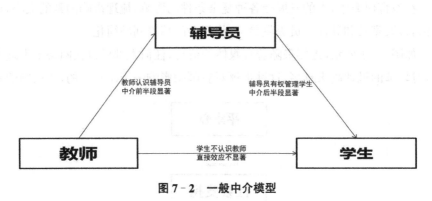

图 7-2　一般中介模型

2. 调节模型

调节其实就是交互作用,即两个变量的乘积,调节变量一般不受自变量和因变量的影响,但可以影响自变量和因变量,调节变量一般不做中介变量(见图7-3)。

图 7 - 3　一般调节模型

中介和调节的区别主要在 X-Y 的影响大小,当两个变量间关系强且稳定时,肯定要用到中介变量,当两个变量间关系时强时弱,就一定要用到调节变量,即自变量对因变量影响是固定时,可以加中介变量,当自变量对因变量影响有强有弱时,要寻找调节变量。

3. 有调节的中介模型

人的发展中会受到各方面多因素的影响,简单的相关、中介和调节是不足以解释个体的发展效果,因此有中介的调节和有调节的中介已经成为现在实证研究的主流。将自变量和因变量间的关系,加上了中介变量和调节变量,构成有调节的中介,更进一步解释了某一现象发展变化的规律(见图 7 - 1)。

4. 多重中介模型

在心理、行为和其他一些社科研究领域,研究情境复杂,经常需要多个中介变量才能更清晰地解释自变量对因变量的效应。近年来,越来越多的中介研究采用多重中介(multiple mediation)模型。多重中介模型即存在多个中介变量的模型。根据多个中介变量之间是否存在相互影响,多重中介模型可以分为单步多重中介模型(single-step multiple mediator model)和多步多重中介模型(multiple-step multiple mediator model)。单步多重中介模型是指多个中介变量之间不存在相互影响,又称为并行多重中介模型。多步多重中介模型是指多个中介变量之间存在相互影响,多个中介变量表现出顺序性特征,形成中介链,如图 7 - 4 中的就业压力→自我效能感→同伴支持→心理健康路径,又称为链式多重中介模型。

综上,实证研究写作之前,首先要根据研究课题构建一个预想模型,可以是3 变量的简单中介或调节模型,可以是 4 变量的有调节的中介或多重中介模型,重在符合逻辑关系,不能随意构建,在逻辑模型构建之后,要寻找可用问卷进行调查验证。

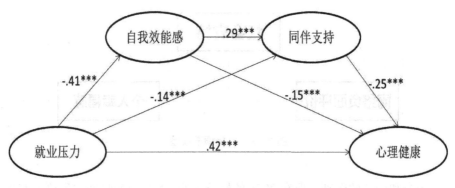

图7-4 多重中介模型

二、模型建构原则

符合逻辑性：不能任意搭建模型，变量之间要首先符合逻辑思维，如手机依赖导致成绩下降，这是生活中常见的现象，那么这个影响就是可以建模的。如手机依赖和物价之间是没有直接关系的，就不能将两者建立在同一模型里。

符合变量特征：中介变量必须是自变量 X 的结果，且必须是因变量 Y 的前提。调节变量必须不是自变量 X 的结果。中介变量一般是固定不变的，调节变量是时强时弱的，要注意区分，初学者经常会任意安排中介和调节变量，往往会导致努力做了无用功。

三、搜集量表或问卷

1. 问卷收集途径

问卷和量表需要在网络上进行收集，有中国知网、百度学术、谷歌学术等，还有专门的量表书籍，如深圳大学戴晓阳主编的《常用心理评估量表手册》收集了 84 种常见心理测量量表。还可以在搜索网站上进行查找，但要核对其是否是原版问卷。国外学者编制量表较多，可以在国外网站上多多查找。一般要以"信效度"为关键词，或以所要使用的量表名为关键词。如图 7-5 所示即为网上搜索问卷与量表示范。

有的问卷可以分维度选取，因为原问卷经过了信效度的检验，分量表也具有自己的合格信效度，选取维度进行研究的最大好处是减少被试回答的难度，分量表的题目少，减少了因题项太多而胡乱答题的现象。图 7-6 所示即为采取量表部分维度进行研究的范例。

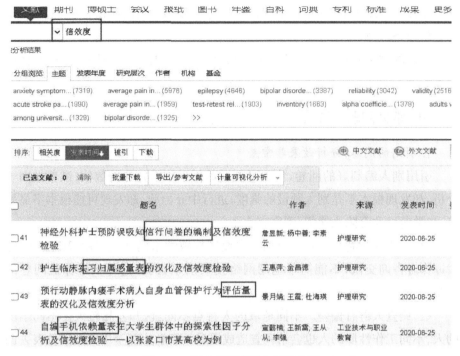

图 7‑5 网上搜索问卷与量表示范

2.2.1 父母拒绝

采用《简式父母养育方式》问卷中的父母拒绝分量表评估个体感知到被父母拒绝的程度(蒋奖,鲁峥嵘,蒋苾菁,许燕,2010),共 7 个项目,如"即使是很小的过错,父/母亲也惩罚我"。采用 Likert-4 点记分,从 1 表示"从不"到 4 表示"总是",该量表分别考察个体感知到的父亲拒绝和母亲拒绝,最后通过计算母亲和父亲拒绝分值的平均数得到留守儿童父母拒绝的得分,得分越高代表个体感知到的父母拒绝越多。在本研究中,父母拒绝量表的 Cronbach's α 系数为 0.91。

2.2.3 同伴支持

采用《领悟社会支持量表(Perceived Social Support Scale,PSSS)》中的同伴支持分量表评估留守儿童感知到的同伴支持水平(姜乾金,1999),共 4 个项目,如"在发生困难时我可以依靠我的朋友们"。采用 Likert-7 点计分,从 1 表示"极不同意"到 7 表示"极同意",得分越高表明领悟到的同伴支持水平越高。在本研究中,同伴支持量表的 Cronbach's α 系数为 0.87。

图 7‑6 采取量表部分维度进行研究范例

2. 编辑问卷

进行有调节的中介或多重中介论文写作,要将搜集到的问卷进行编辑,加上指导语和人口学变量,尽量保持原问卷不改动。如果有改动,如国外问卷引入国内,不符合我国的习惯,那么就要对此改动进行检验和说明。

3. 发放回收问卷

最好采取实地发放—现场讲解—统一回收的方式;也可以委托朋友在异地

发放，邮寄回来；也可以采取网络调查的形式，但要做好会出现效率不高的准备。

4. 清洗数据

数据的质量直接影响了检验的结果，回收的数据一定要认真筛选，具体过程见专题三。

四、常见问题及解析

1. 引用的问卷，分析效果非常差

引用别人编制好的问卷，信度可能远远低于别人宣称的数值；试着做因子分析，却发现根本不是别人预设的维度；进行中介检验，却发现可能根本不显著等，初学者因此会陷入迷茫，到底怎么了？

(1)引用的问卷质量差。引用问卷要在权威学术网站上引用，甚至发邮件找原作者咨询交流，不能简单地用网络搜索引擎去找，这样很难保证问卷的完整。

(2)调查人群有偏差。不同地域的人特点不同，认知差异较大。不同学历的人、不同工作性质的人也会给调查造成误差。有学生甚至用大学生量表去调查中小学生，结论肯定是错误的。

(3)调查方法有误差。比如网上调查是误差比较大的一种方法。胡乱作答的、全选择一样答案的、回答时间太快的，可以说是包罗万象，所以调查尽量要实际操作。

(4)逻辑错误。有的学生根本分不清因果关系，片面地设定自变量和因变量，导致逻辑混乱。数据回收后，内在的逻辑错误导致根本无法统计出自己想要的结果。所以，选择引用问卷进行科学研究，必须要选择知名度高的、新的、短的问卷。

(5)有学生为了自己研究的便利，擅自改动了问卷的内容，并没有加以验证，这可能会导致问卷信效度下降。

2. 找不到适合自己的问卷

(1)国内期刊很少全文刊登问卷，这会给研究者带来困惑。建议学生去国外期刊搜索，国外期刊上全文问卷非常丰富。

(2)有部分学位论文问卷，可能会涉及虚假数据。因为经常会发生引用的问卷不符合其宣称的维度，要么因子分析维度不对，要么信度差异巨大，要么区分效度不合格，总会出现千奇百怪的问题。总之，是问卷质量并不高。

专题八 描述性统计与共同方法偏差

描述数据是非常重要的步骤,可以让读者对引用的变量有更直观的认识。

一、描述数据的步骤

1. 描述范围

无论是自编问卷还是引用问卷,人口学样本的统计是非常重要的。首先要描述样本的抽样方法,是整群抽样、方便抽样、随机抽样,要予以说明,这给后期的结果可信度提供支持。接下来是样本的数量,调查的时间,问卷回收的效率,被试的年龄、性别、年级分布等(见图 8‑1)。

> **2.1 被试**
>
> 采用整群抽样法,以班级为单位对 1300 名大学生被试的手机成瘾、注意控制能力、意志控制及拖延行为进行团体施测。主试详细讲解指导语后,所有被试约在 45 分钟内完成全部问卷,回收整理后得有效问卷 1212 份(93.23%)。被试平均年龄在 18 ~ 24 之间(19.68 ± 1.16),其中男生 543 人(44.80%),女生 669 人(55.20%);大一年级 395 人(32.59%),大二年级 420 人(34.65%),大三年级 397 人(32.76%)。

图 8‑1 调查问卷被试样本描述范例

2. 描述工具

使用的量表要进行描述,使读者坚信自己的调查结果是可靠的。目前的工具描述离不开八要素,即量表名称、作者、年代、项目数量、计分方式、得分意义、量表信度、本次调查信度。

3. 描述得分

量表的得分平均数、标准差和相关是重点描述得分部分,平均数有用原始分的,但高级别期刊一般用总分/题项数目得到的平均分数,可以更直观看到量表分在计分制中的位置,如某个量表是 5 级计分制,平均分在 4 分,那么显示大多数被试更倾向于高分代表的意义。标准差代表了数据离散的趋势,标准差越大代表高低分差越大,标准差越小代表被试回答更集中。相关直接和后面的中介、调节有高度趋同，假如自变量 X 和因变量 Y 相关为 0.34，那么在中介和调节检验中，得到的数值也不会和 0.34 差太大。调查问卷得分、标准差与相关分析范例如图 8-2 所示：

表 1　描述统计、相关分析结果

	M	SD	手机成瘾	注意控制	拖延行为	意志控制
手机成瘾分越高 瘾越大	2.67	0.62	1			
注意控制分越高 控制强	3.15	0.63	-0.35**	1		
拖延行为分越高 越拖延	3.23	0.63	0.29**	-0.32**	1	
意志控制分越高 控制强	3.64	0.59	-0.35**	0.32**	-0.17**	1

注：**$p < 0.01$。

图 8-2　调查问卷得分、标准差与相关分析范例

二、共同方法偏差

共同方法偏差指的是因为同样的数据来源或评分者、同样的测量环境、项目语境以及项目本身特征所造成的预测变量与效标变量之间人为的共变。这种人为的共变对研究结果产生严重的混淆并对结论有潜在的误导，是一种系统误差。共同方法偏差在心理学、行为科学研究中特别是采用问卷法的研究中广泛存在。所以在进行调查时可以尽量采用不同被试、匿名调查、问卷项目打乱、反向计分等从来源解决系统误差。统计学鉴别是否有共同方法偏差常用的方法有三种（本专题以 xljk.sav 为例）：

1. Harman 单因素检验（SPSS 因子分析）

鉴别指标：未旋转的探索性因子分析提取的特征根大于 1 的因子超过 1 个且最大因子方差解释率小于 40%，则表明本次研究不存在严重的共同方法偏差。

具体操作：依次点击 SPSS—分析—降维—因子分析，打开"因子分析"对话框，将引用的问卷全部题目放入（引用一张问卷放全部题目，引用两张问卷、三张问卷或更多问卷也要放入全部题目，不放入性别、年级等人口学变量）"变量"框内，点击"确定"（见图 8-3）。

如图 8-4 所示，例子里是 4 张问卷，未旋转的因子分析提取的特征根大于 1 的因子为 7 个（>1 个）；且最大因子贡献率为 21.604%（<40%），所以不存在严重的共同方法偏差。

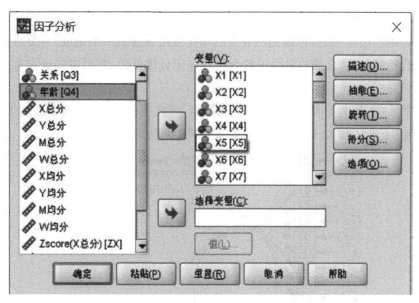

图 8‑3　共同方法偏差 SPSS 操作 1

解释的总方差

成份	初始特征值			提取平方和载入		
	合计	方差的 %	累积 %	合计	方差的 %	累积 %
1	7.345	21.604	21.604	7.345	21.604	21.604
2	3.280	9.646	31.250	3.280	9.646	31.250
3	2.122	6.241	37.491	2.122	6.241	37.491
4	1.377	4.051	41.542	1.377	4.051	41.542
5	1.109	3.262	44.805	1.109	3.262	44.805
6	1.080	3.176	47.981	1.080	3.176	47.981
7	1.038	3.053	51.034	1.038	3.053	51.034
8	.995	2.927	53.961			
9	.917	2.696	56.657			
10	.886	2.605	59.263			

图 8‑4　共同方法偏差 SPSS 操作 2

近年来此种方法应用逐渐减少,更多的学者会使用 Amos 软件来验证共同方法偏差。

2. 单因子验证性因子分析

论文引用的问卷超过两个,在用 Amos 做拟合度指数时,是要将问卷分开验证的。如果将所有问卷项目混合成一个因子,拟合指标比原先差很多,即可证明无严重共同方法偏差。

如果引用单问卷，可以把问卷里的多个维度合并成一个维度，与分维度的做拟合指数对比，合成的单因子拟合指数差于分维度的，则可以验证没有共同方法偏差。

图 8-5 是由 4 个问卷构成的测量模型，研究手机依赖与心理健康的关系，分别由 10、8、4 和 12 题组成，运行后可得到此测量模型的拟合指数。

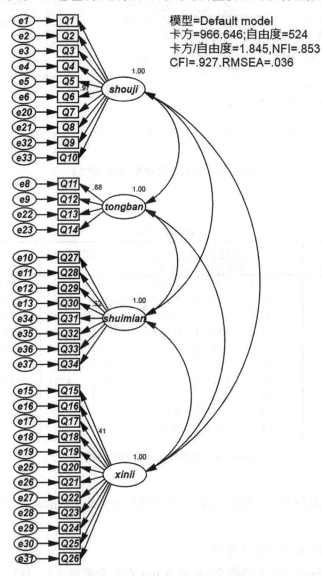

图 8-5　单因子验证性因子分析

　　图 8-6 是将 4 张问卷合成一个因子,假设全部题目都属于同一问卷,再次运行得到新的拟合指数,将两张图的拟合指数进行对比,如果后者拟合指数好于前者,则证明存在严重的共同方法偏差。两个模型的对比见表 8-1。

　　操作过程:将图 8-5 中 Amos 模型潜变量删掉 3 个,保留其中 1 个潜变量,重新命名为"单因子",然后把所有观察变量和保留的这个潜变量用单箭头连接起来,最终形成图 8-6 样式,然后运算,比较两张图的拟合度指数的差异。

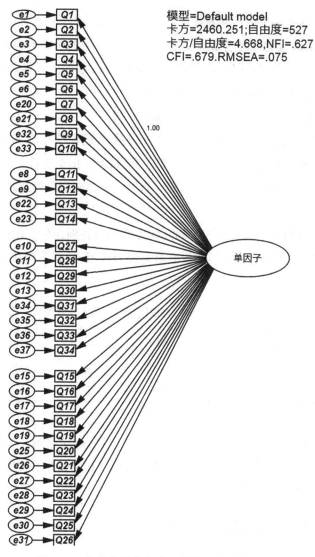

图 8-6　将所有问卷合成一个因子验证性分析

表 8-1　问卷共同方法偏差检验

指标	χ^2	Df	χ^2/df	CFI	NFI	RMSEA
测量模型指标	966.64	524	1.845	0.927	0.853	0.036
单因子验证模型	2460	527	4.688	0.679	0.627	0.075
拟合度标准			＜3	＞0.9	＞0.9	＜0.08

表 8-1 是采用单因子测量模型的拟合度指数，图 8-5 中的测量模型各项指标是符合结构效度拟合度指数要求的。图 8-6 中的单因子验证模型是将所有问卷项目编成同一因子后，比原模型验证性分析指标下降很多，单因子模型拟合度很差，证明不存在严重共同方法偏差。

3. 加入共同方法因子的共同方法偏差分析

加入共同方法后的模型拟合指数与测量模型各项拟合指数变化不大，RMSEA 和 SRMR 变化均小于 0.05，CFI 和 TLI 变化不超过 0.1，表明加入共同方法因子后，模型并未得到明显改善，测量中不存在明显的共同方法偏差（见图 8-7）。

表 8-2 是加入共同方法因子的共同方法偏差各项指标变化情况，RMSEA 小于 0.05，各种 LI 小于 0.1，说明没有显著改善模型，所以不存在明显的共同方法偏差。

表 8-2　加入共同方法因子的共同方法偏差

X^2/df	RMSEA	GFI	NFI	CFI	IFI	TLI
1.845	0.036	0.929	0.853	0.927	0.981	0.979
1.802	0.035	0.920	0.866	0.935	0.977	0.975

操作过程：在模型图 8-5 上点击潜变量，然后在左侧画一个椭圆，双击命名为"共同方法"，然后点单箭头，把共同方法因子和所有观察变量连接起来，点击运算，查看 Amos 结果即可。

三、常见问题及解析

1. 发现调查问卷有严重的共同方法偏差怎么办？

这种情况合理的解决办法是对问卷进行重新编排，并回想在测试过程中指

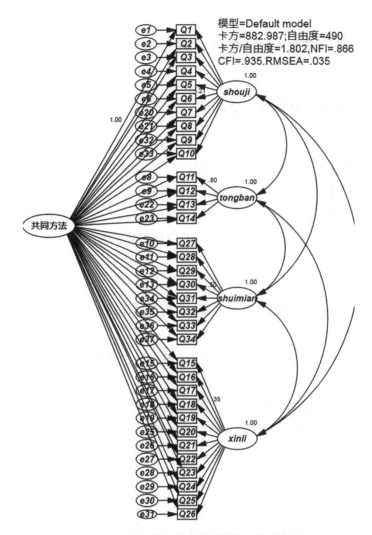

图 8-7 加入共同方法因子的共同偏差分析

导语等环节是否存在不合规律的地方,组织重新调查。还有一种办法是对数据进行清洗,剔除无效缺失的回答,以减少共同方法偏差。

2. 相关不符合设想

首先要看看自己的计算变量有没有错误,反向题有没有转正,维度内的题项有没有加错,回答矛盾的样本有没有剔除等。其次查阅相关文献,查看自己的结果有没有前人研究结果的支持,如果没有前人研究和自己的范围一样,那就要首先考虑自己的调查和计算是否有错误。

专题九　有调节的中介(条件过程模型)

一、有调节的中介写作要点

摘要:(略)

目的:自变量对因变量的影响机制。

方法:采用4种量表对 ** 名被试进行研究。

结果:①自变量显著正向或负向预测了因变量;②中介变量在自变量和因变量之间起完全或部分中介作用;③调节变量调节了哪一段?

结论:

1. 文献综述

第一段:什么叫因变量(引用文献),因变量的作用(引用文献),别人的研究结果(引用文献)。

第二段:什么叫自变量(引用文献),自变量与因变量关系的前人研究(引用文献)。

第三段:什么叫中介变量(引用文献),中介变量与自变量关系的前人研究(引用文献),中介变量与因变量关系的前人研究(引用文献)。

第四段:什么叫调节变量(引用文献),调节变量与调节路径两端变量关系的前人研究(引用文献)。

建构模型如图9-1所示,根据逻辑推理,网络上对教师的负面评价会使教师群体感受到委屈、伤心等负面情绪,导致幸福感下降,这是直接效应。自尊心的高低会忽视或更重视这种负面评价,这证明中介前半段的预测效应。自尊心的高低也会影响到个体感受到的幸福感,这是中介后半段的预测。社会支持是调节变量,有支持多和支持少两种不同水平:当支持高时,可以减弱负面评价对自尊的伤害;当支持低时,可以增强负面评价对自尊的伤害,这种作用机制叫调节作用。

2. 研究方法

研究对象:被试 ** 名,男 **,女 **,三年级 **,四年级 **,平均年龄 **。

研究工具:4个量表,包括作者、量表名称、年代、条目数量、维度、几点计分、分值意义、分数高低的意义、信效度多少、本次研究信效度等。

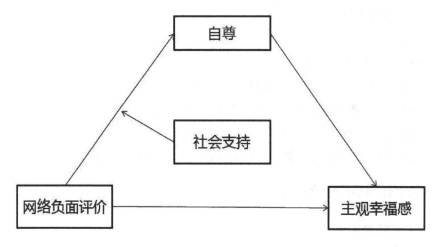

图 9-1　有调节的中介基本模型图

3. 过程

(1)共同方法偏差(三选一)。

哈曼单因子检验法(首因子贡献率小于 40%,特征值大于 1 的因子数目要超过 1 个)。

Amos 单因子模型(测量模型拟合度指数远远好于单因子模型)。

Amos 共同方法因子模型(测量模型拟合度指数与加入共同方法因子模型的拟合度差别小于 0.1)。

(2)各变量描述统计。

平均值与相关(为中介和调节提供基础)。

(3)数据检验。

中介:数据标准化、Process 模型 4、中介效应表格、中介占比表格。

调节:Process 模型 59、调节效应表格、直接效应和间接效应占比表格、斜率图。

4. 结果

第一段:本研究自变量和因变量的结果,本研究的意义(引用文献)。

第二段:中介变量的结果,与以往研究的对照(引用文献),中介变量的高或低对自、因变量的影响(引用文献),人们该如何做。

第三段:调节变量的结果。调节路径两端变量(假如调节中介后半段,中介高时,调节高或低对因变量影响最大。中介低时,调节变量高或低对因变量影响最小)(引用文献)。

5. 结论

自变量对因变量结果。

中介变量对自变量和因变量结果。

调节变量、调节路径及高低水平调节效果。

理论与实践意义。

参考文献(50篇左右,要求国外文献占2/3,国内要求顶刊文献)。

二、有调节的中介操作过程

(一)简单中介

假设 X 是科任老师,M 是班主任,Y 是学生。科任老师命令学生做某件事是直接效应 C′(支使不动),科任老师告诉班主任 a,班主任再命令学生做事 b(马上办),这就是完全中介作用。

简单中介就是自变量 X 对因变量 Y 有直接影响 C′,自变量 X 又通过影响中介变量 M 来影响因变量 Y。所以自变量 X 对因变量 Y 的总影响力是 C＝C′＋a * b(见图 9 - 2)。

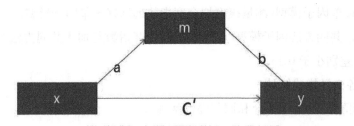

自变量X。M为中介变量。因变量Y

图 9 - 2　简单中介效应示意图

传统计算方法是通过做回归检验其显著性。首先将数据进行中心化,然后以 Y 为因变量、X 为自变量做一元回归,求得 C 是否显著。然后以 M 为因变量、X 为自变量做一元回归,求得 a 值。最后以 Y 为因变量,以 X、M 为自变量,做多元回归,求得 b 值和 C′。

1. SPSS 回归法

将数据分类汇总分如下几步:

(1)数据—分类汇总,出现汇总数据对话框,将 X、M、Y 挪入变量摘要框内,默认是求均值,确定返回(见图 9-3)。

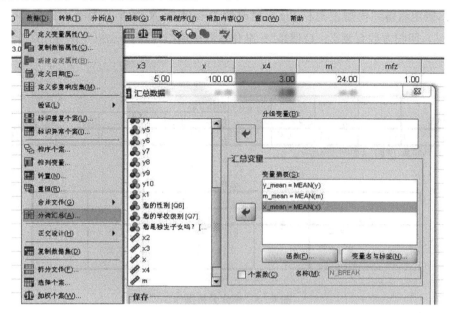

图 9-3 中介分析操作 1

(2)转换—计算变量,在对话框"目标变量"里输入"X 中心化",数学表达式"X-X_mean",确定后得到自变量 X 的去中心化新变量(见图 9-4)。依此类推,得到 M 和 Y 的去中心化变量。

图 9-4 中介分析操作 2

（3）单击分析—回归—线性，将 Y 中心化放入因变量，将 X 中心化放入自变量，确定后得到模型汇总栏 Sig.F 更改值为 0，表明 X 对 Y 有显著性影响（P<0.05），回归方程有意义。C 值是"标准化系数试用版"栏的 0.678（见图 9-5）。

模型汇总

模型	R	R 方	调整 R 方	标准 估计的误差	R 方更改	F 更改	df1	df2	Sig. F 更改
1	.678ᵃ	0.46	0.459	0.7057	0.46	414.265	1	487	0

a. 预测变量：(常量)，不被认同（中心化）。

系数ᵃ

模型		非标准化系数 B	标准 误差	标准系数 试用版	t	Sig.
1	(常量)	0.002	0.032		0.051	0.959
	不被认同（中心化）	0.804	0.04	0.678	20.354	0

a. 因变量：工作绩效（中心化）

图 9-5   中介分析操作 3

（4）下一步检验 a 是否显著，回归将 M 中心化放入因变量，将 X 中心化放入自变量，回归得到 a 值 0.533（见图 9-6）。

ANOVAᵃ

模型		平方和	自由度	均方	F	显著性
1	回归	113.871	1	113.871	193.247	.000ᵇ
	残差	286.966	487	.589		
	总计	400.837	488			

a.因变量：焦虑（中心化）

b.预测变量：(常量)，不被认同（中心化）

系数ᵃ

模型		非标准化系数 B	标准错误	标准系数 贝塔	t	显著性
1	(常量)	.001	.035		.034	.973
	不被认同（中心化）	.597	.043	.533	13.901	.000

a.因变量：焦虑（中心化）

图 9-6   中介分析操作 4

(5)下一步检验 b 和 C′,回归,将 Y 中心化放入因变量,M 中心化和 X 中心化一起放入自变量,确定。得到 b 值 0.213,C′＝0.564,均具有显著意义(见图 9 - 7)。

ANOVAᵃ

模型		平方和	自由度	均方	F	显著性
1	回归	220.897	2	110.449	235.490	.000ᵇ
	残差	227.941	486	.469		
	总计	448.839	488			

a. 因变量:工作绩效(中心化)

b. 预测变量:(常量),焦虑(中心化),不被认同(中心化)

系数ᵃ

模型		非标准化系数		标准系数	t	显著性
		B	标准错误	贝塔		
1	(常量)	.001	.031		.044	.965
	不被认同(中心化)	.670	.045	.564	14.773	.000
	焦虑(中心化)	.225	.040	.213	5.577	.000

a. 因变量:工作绩效(中心化)

图 9 - 7 中介分析操作 5

(6)判断中介效应:C′＝0.564＞a＊b＝0.533＊0.213＝0.114,直接效应＞间接效应,为部分中介效应。中介效应占比＝a＊b/c＝0.114/0.678＝16.7%。

2. 中介分析 Process 法

Process 是国外学者海耶斯开发的专门用于快速检验中介、调节效应的插件,可以在网上搜索下载安装。在 SPSS 17.0 版本里有时不太好用,推荐读者下载 SPSS 22.0 以上版本。Process 操作简便,无须将变量中心化。

在网上搜索下载到 Process 插件后,打开 SPSS,依次选择菜单扩展—实用程序—安装定制对话框。在跳出的对话框中,选中 Process.spd 文件,然后点击"打开",开始安装。然后关闭 SPSS 软件再打开,在分析—回归里已经有 Process 选项。在 SPSS—分析—Process 中打开该插件(见图 9 - 8)。

在对话框中,"Model number"处选择 4,将因变量挪入"Y variable"处,自变量挪入"X variable"处,中介变量挪入"Mediator(s) M"处,点击"Options",选择 3、5、6 参数打钩,点击"继续""确定"即可(见图 9 - 9)。

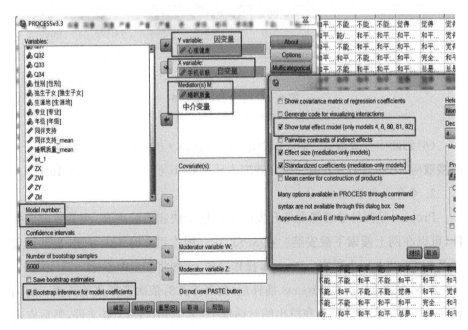

图 9 - 8　中介分析 Process 法步骤 1

图 9 - 9　中介分析 Process 法步骤 2

Process 结果解读：自变量 X,中介变量 M,因变量 Y(以下结果非 xljk. sav,只是解读)。

图 9 - 10 是以 M 为因变量,X 为自变量做的回归,Model Summary(模型

概要)中模型 p 值为 0.000，表明模型有显著预测意义，可预测 M 28.41% 变异（R-sq）。Model 里，自变量 X 的 p 值为 0.000，表明 X 对 M 有显著影响，最下面标准化回归系数为 0.5330，即中介模型中的 a 值。

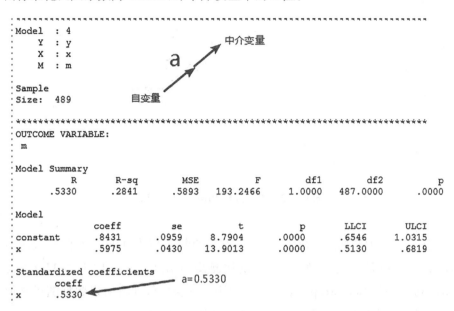

图 9-10 中介分析 Process 法解读 1

图 9-11 是中介效应的后两段，以 Y 为因变量，以 X、M 为自变量的回归，模型 p 值 0.0000 表明模型显著预测。X 和 M 的 p 值均小于 0.05，表明这两段效应也显著，b 值是 0.2131，C'值是 0.5644。

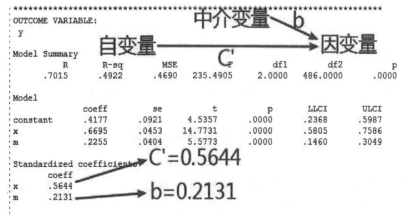

图 9-11 中介分析 process 法解读 2

图 9-12 是自变量 X 对因变量 Y 的总预测效应，C＝0.6780，模型 p 值为 0.0000，表明模型显著预测总效应是显著的。

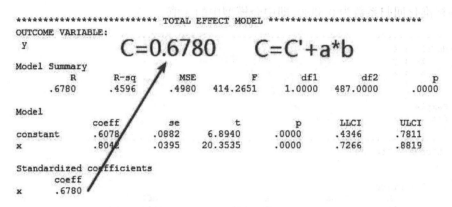

图 9-12　中介分析 Process 法解读 3

图 9-13 中非标准化总效应为 0.8042、直接效应为 0.6695 和间接效应值为 0.1347，值显著性 p 为 0.000，说明预测作用显著。LLCI 与 ULCI 是 Process 采用的 Bootstrap 方法估计的下限和上限值，即将所得数据随机抽取计算，最低的总效应是 0.7266，最高的总效应是 0.8819。

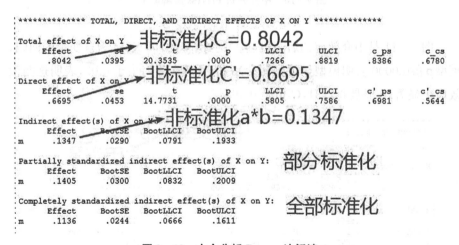

图 9-13　中介分析 Process 法解读 4

使用 Process 的运算结果和经典回归的结果完全一样，但 Process 更简便、更快速，所以推荐读者使用此插件（见图 9-14）。

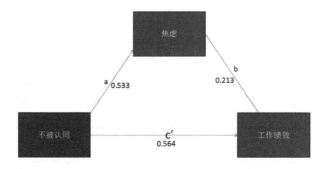

图 9 - 14 中介分析 Process 法结果

3. 中介分析 amos 法

当模型拟合度符合拟合度参数要求时,模型图才有参考价值。在 Amos 里画好关系图,将数据导入,然后计算,得出的结果与前两种方法一模一样。需要注意的是在中介变量(孤独感)和因变量(自我建构)上分别加上误差变量 e10、e11(见图 9 - 15)。

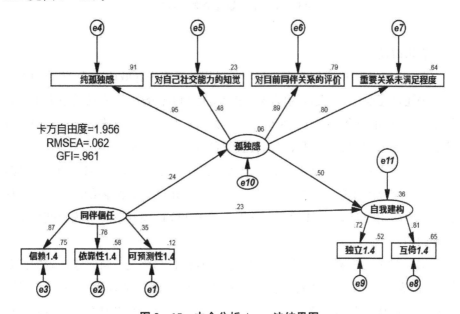

图 9 - 15 中介分析 Amos 法结果图

4. 中介效应论文表述

图 9 - 16 为中介效应论文表述范例。

表** 中介模型的占比（标准化）

效应类型	效应值	boot se	bootstrap 95%CI		效应占比
			上限	下限	
总效应	0.35	0.0331	0.312	0.396	100%
直接效应	0.23	0.0306	0.255	0.195	66%
间接效应	0.12	0.0219	0.10	0.155	34%

表** 中介模型的回归分析（标准化）

变量	方程1		变量	方程2		变量	方程3	
	β	t		β	t		β	t
X	0.35	3.973***	X	0.24	3.61***	X	0.23	2.553***
M			M			M	0.50	7.930***
R^2	0.060		R^2	0.05		R^2	0.252	
F	15.786***		F	13.031***		F	41.325***	

注：*p<0.05,**p<0.01,***p<0.001,双侧。X=同伴信任，M=孤独感，Y=自我建构

直接效应=0.23 显著，即同伴信任对自我建构起显著预测作用，直接效应占 66%

间接效应=0.24*0.500=0.12 同伴信任经孤独感中介后可预测个体自我建构 34%

图 9‑16 中介效应论文表述范例

表格解读：

图 9‑16 中的中介模型占比是目前通用的新式中介效应表述，传统的中介效应表述是完全中介（直接效应小于中介效应）和部分中介（直接效应大于中介效应）。现在用中介效应和直接效应在总效应中所占百分比来表述。本图中直接效应占 66%，间接效应占 34%，即传统的部分中介效应。

图 9‑16 下半部分是中介效应的回归方程。方程 1 是 X 对 Y 的总效应，即方程 1 改成因变量 Y。方程 2 是中介变量 M 和自变量 X 做的回归，即"方程2"三个字应用中介变量 M 代替。方程 3 是 X 和 M 为自变量，Y 为因变量做的多元回归。

结合图 9‑15 来说，方程 1 是自变量同伴信任与因变量自我建构做的回归结果，值为 0.35（图中未体现，要在 Amos 具体结果解读中查找）。方程 2 是同伴信任和孤独感做的回归，值为 0.24。方程 3 是同伴信任和孤独感对自我建构做的回归，值分别为 0.23、0.50。图 9‑16 中的中介结果是直接效应（0.23）大于间接效应（0.24 * 0.50＝0.12），为部分中介效应。

（二）简单调节操作

简单调节分析是某一控制变量对自变量和因变量起的调节作用检验。它

影响和控制着自变量和因变量间的方向与强弱。调节变量可以是定性(性别、年级等)也可以是定量的连续变量(年龄、次数等)。比如 M 是暴力影视,M 多,X 学生就会产生更多的攻击行为 Y;M 少则减少攻击行为(见图 9-17)。

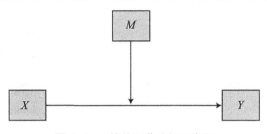

图 9-17 简单调节分析示意图

1. 调节分析 SPSS 方法

第一种情况是连续变量。

(1)把自变量、调节变量去中心化。在数据—汇总—放入两个变量,默认是平均值(见图 9-18)。

图 9-18 调节操作求汇总数据

(2)求交互项。依次选择转换—计算变量,输入交互项名称如 int1,计算里输入"自变量—自变量均值 * 调节变量—调节变量均值"(见图 9-19)。

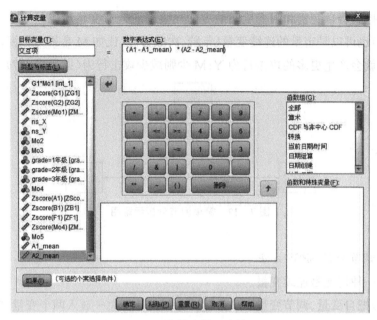

图9-19   调节效应操作计算交互项

（3）回归求调节。依次选择分析—回归—线性，在因变量、自变量里导入自变量和调节变量，下一页"自变量"栏里输入"交互变量"，"Statistics"里要选择R方变化（见图9-20）。

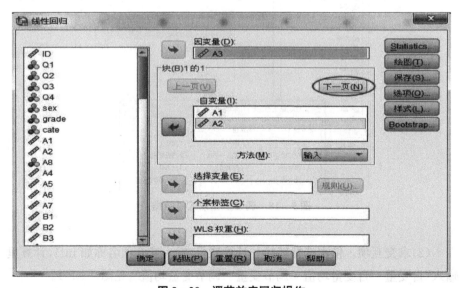

图9-20   调节效应回归操作

(4)结果。模型摘要里第二行，即交互项检验结果，R 方从 0.160 变到了 0.168，这个变化值的显著性检验结果是 0.042＜0.05，则调节效应显著(见图 9‑21)。

模型摘要

模型	R	R 平方	调整后的 R 平方	标准估算的错误	更改统计量				
					R 方变化	F 更改	df1	df2	显著性 F 更改
1	.400ᵃ	.160	.157	.65560	.160	42.200	2	442	.000
2	.410ᵇ	.168	.163	.65328	.008	4.150	1	441	.042

a. 预测变量：(常量)，自主支持，感恩
b. 预测变量：(常量)，自主支持，感恩，交互

图 9‑21　调节效应查看结果

(5)简单斜率—选点法。

◇求出调节变量的标准差与均值。

依次选择 SPSS—分析—描述—频率，将调节变量挪入变量里，参数选择平均值与标准差。计算后得到了调节变量的标准差和平均值。依次选择 SPSS—数据—汇总，将调节变量挪入，求得新变量，调节变量均值。

◇计算调节变量高低分。

依次选择 SPSS—转换—计算变量。新建调节高分变量，公式为：调节变量—调节变量均值—标准差。

新建调节低分变量，公式为：调节变量—调节变量均值＋标准差。

◇计算新的调节项。

交互高分＝调节高分变量 * 自变量

交互低分＝调节低分变量 * 自变量

◇回归求出简单斜率(见图 9‑22)。

简单斜率高分＝因变量 Y，自变量：X、自变量、调节变量高分

简单斜率低分＝因变量 Y，自变量：X、自变量、调节变量低分

系数ᵃ

模型		非标准化系数		标准系数	t	显著性
		B	标准错误	贝塔		
1	(常量)	2.299	.172		13.377	.000
	自主支持	.129	.048	.167	2.676	.008
	调节高分	.412	.116	.518	3.554	.000
	交互高分	-.072	.036	-.279	-2.037	.042

a. 因变量：幸福感

图 9‑22　选点法求简单斜率示意图

选点法操作烦琐,还有争议,所以这里不推荐这种方法,简要了解即可。下面介绍的 Process 法更加简便,为更多学者所采用。

第二种情况是分类变量。

(1)自变量和调节变量均是分类变量。

SPSS—分析——一般线性模型—单变量。做方差分析,交互作用显著则调节效应显著,具体可参见图 9 - 23。

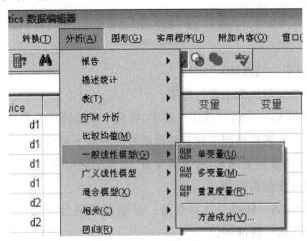

图 9 - 23　分类变量调节效应操作 1

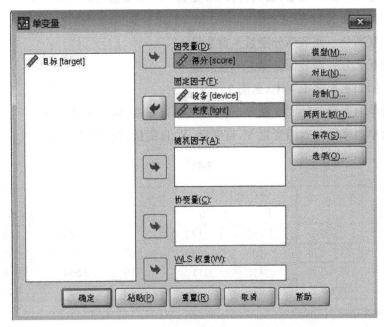

图 9 - 24　分类变量调节效应操作 2

参考图 9-24,将自变量和调节变量放入"固定因子"内,点"确定"。两个变量的乘积就是调节变量。

结果解读如图 9-25 所示,设备与亮度的交互作用不显著(p=0.350),表明没有调节作用。

主体间效应的检验

因变量:得分

源	III 型平方和	df	均方	F	Sig.
校正模型	175.867ᵃ	5	35.173	5.914	.000
截距	3162.133	1	3162.133	531.686	.000
device	86.467	2	43.233	7.269	.001
light	76.800	1	76.800	12.913	.000
device * light	12.600	2	6.300	1.059	.350
误差	678.000	114	5.947		
总计	4016.000	120			
校正的总计	853.867	119			

a. R 方 =.206(调整 R 方 =.171)

图 9-25　分类变量调节效应操作 3

(2)一个是分类,一个是连续变量。

将自变量、因变量去中心化(见图 9-26),个体与个体平均数之差。

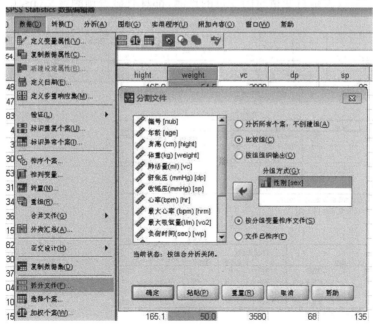

图 9-26　类别变量进行分割操作

依次选择 SPSS—数据—拆分文件—分割文件，把分类变量放入"分组方式"，再做回归，小于 0.05 则显著。

依次选择 SPSS—分析—回归—线性，将因变量、自变量放入，统计量勾上 R 方变化，选择"继续"，"确定"（见图 9–27）。

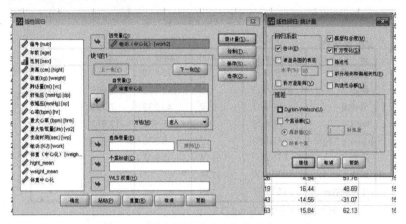

图 9–27　调节变量性质分类调节效应回归操作

在图 9–28 模型汇总里，性别变量都具有显著预测作用（p＜0.05），男预测体重 74.8%变异，女预测 55.7%变异。Anova 表说明方差分析结果有显著预测意义。系数表是自变量对因变量的预测，都具有显著预测意义（p＜0.05）。

模型汇总

性别	模型	R	R方	调整 R方	标准 估计的误差	R方更改	F更改	df1	df2	Sig. F更改
男	1	.865ᵃ	.748	.746	19.88955	.748	595.180	1	201	.000
女	1	.746ᵃ	.557	.555	12.11224	.557	309.533	1	246	.000

a. 预测变量：（常量），体重中心化。

Anovaᵇ

性别	模型		平方和	df	均方	F	Sig.
男	1	回归	235449.645	1	235449.645	595.180	.000ᵃ
		残差	79514.458	201	395.594		
		总计	314964.103	202			
女	1	回归	45410.536	1	45410.536	309.533	.000ᵃ
		残差	36089.781	246	146.706		
		总计	81500.317	247			

a. 预测变量：（常量），体重中心化。
b. 因变量：做功（中心化）

系数ᵃ

性别	模型		非标准化系数		标准系数	t	Sig.
			B	标准 误差	试用版		
男	1	（常量）	15.889	1.403		11.328	.000
		体重中心化	3.046	.125	.865	24.396	.000
女	1	（常量）	-14.347	.773		-18.556	.000
		体重中心化	1.549	.088	.746	17.594	.000

a. 因变量：做功（中心化）

图 9–28　调节变量性质分类调节效应回归结果

2. 调节效应 Process 法

(1)依次选择分析—回归—Process,打开操作框,模型选择 1,"Y variable"是因变量,"X variable"是自变量,在"Moderator variable W"内放入调节变量(见图 9-29)。

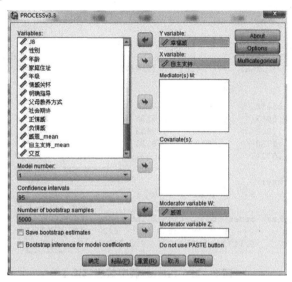

图 9-29 简单调节效应 Process 操作 1

(2)点击"Options",选择第 2 和第 7 个参数,斜率图选择正负标准差,点击"-1SD,MEAN,+1SD"选项(见图 9-30)。

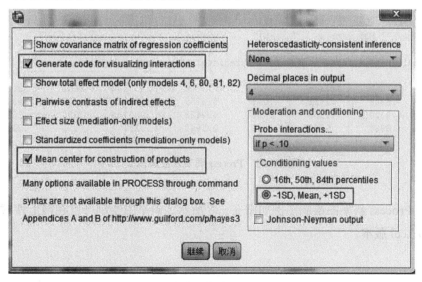

图 9-30 简单调节效应 Process 操作 2

　　结果解读：Model Summary 是模型检验，*P 值* 0.000＜0.05，说明模型有显著预测性。Int_1 是交互项，检验*P 值* 0.0422＜0.05，说明交互项有显著调节作用（见图 9-31）。

```
■■■■■■■■■■■■■■■■■■■■■■■■■■■■■■■■■■■■■■■■■■■■■■■■■■■■■■■■■■■■■■■
OUTCOME VARIABLE:
 y

Model Summary
          R         R-sq        MSE          F         df1         df2           p
      .4101        .1682       .4268     29.7170      3.0000     441.0000        .0000

Model
             coeff          se           t            p         LLCI        ULCI
constant    2.5883       .0326      79.4155       .0000       2.5243      2.6524
x            .1809       .0366       4.9433       .0000       .1090        .2528
w            .1788       .0372       4.8131       .0000       .1058        .2519
Int_1       -.0724       .0355      -2.0371       .0422      -.1422       -.0025

Product terms key:
 Int_1     :        x          x          w

Test(s) of highest order unconditional interaction(s):
          R2-chng          F         df1         df2           p
X*W          .0078      4.1499      1.0000     441.0000        .0422
----------
```

图 9-31　Process 调节效应解读 1

　　斜率值 0.1160—0.2458，检验 P 均小于 0.05，说明显著性预测（见图 9-32）。

```
Focal predict: x          (X)
   Mod var: w             (W)

Conditional effects of the focal predictor at values of the moderator(s):

          w      Effect          se           t            p         LLCI        ULCI
     -.8968      .2458       .0438       5.6155       .0000       .1597        .3318
      .0000      .1809       .0366       4.9433       .0000       .1090        .2528
      .8968      .1160       .0528       2.1948       .0287       .0121        .2198
```

图 9-32　Process 调节效应解读 2

　　Process 斜率图绘制图例如图 9-33 所示。斜率图绘制可以在网上搜索下载 Excel 版本。

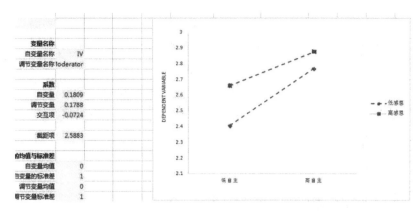

图 9 - 33　Process 斜率图绘制

(三) 有调节的中介操作实现

首先要将问卷原始分转换成标准分(也可以不转换,系数是一样的,只是原始分数的截距一般会很大,绘制斜率图时不直观)。依次选择 SPSS—分析—描述统计—描述,将 4 个变量 X、M、W、Y 放入变量框内,左下角选择"将标准化得分另存为变量",点击"确定"即可(见图 9 - 34)。在 SPSS 数据窗口最右侧会出现以 ZX、ZM、ZW、ZY 命名的新变量,即标准化得分变量。

图 9 - 34　原始分转换成标准分示范

打开 Process 插件,"Model number"选择"59"(默认对 3 段路径均有调节作用),抽样方式选择"Bootstrap",自变量、中介变量和因变量放入对应的框内(可参考中介效应检验步骤),在右下方"Moderator variable W"处放入调节变量(见图 9 - 35)。

图 9-35 有调节的中介操作过程 1

在"Options"里选择 3—7 参数，在"Conditioning values"处选择"-1SD，Mean，+1SD"，依次点击"继续""确定"（见图 9-36）。

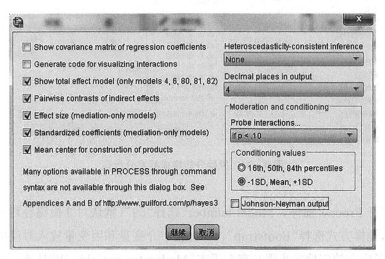

图 9-36 有调节的中介操作过程 2

Int_1 是自变量 X 和调节变量 W 的乘积对自变量到中介变量这一路径的调节检验,图 9-37 显示这一交互作用的 P 值为 0.1255,大于 0.05,说明这一段调节作用不显著。

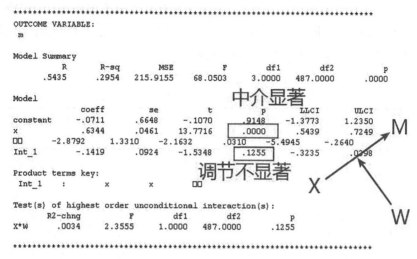

图 9-37 有调节的中介解读 1

图 9-38 中的 Int_1 和 Int_2 分别是自变量 X 和调节变量 W 的乘积对直接效应的调节和中介变量 M 与调节变量的乘积对中介后半段的调节,图中 Int_1 和 Int_2 的 P 值分别是 0.0023 和 0.0340,表明这两段调节效应是显著的。也可以从 LLCI 和 ULCI 的区间不包含 0 判断,说明调节效应是显著的。

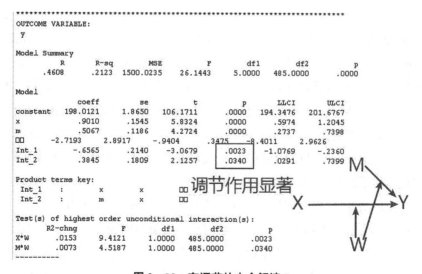

图 9-38 有调节的中介解读 2

有调节的中介做完后要进行填表，以图 9 - 39 为例，左列为变量，包括截距（可以不写）、自变量 X、中介变量 M、调节变量 W、X ∗ W（自变量 ∗ 调节变量）、M ∗ W（中介变量 ∗ 调节变量）、R^2（本段路径方程预测因变量变异的百分比）、F（回归方程的检验值）。方程 1 为因变量对自变量的回归方程，β 为标准化回归系数、se 为标准误差、t 为回归方程的检验值、P 为临界判断值。方程 2 为因变量对自变量和中介变量的回归方程。

表 XX　有调节的中介模型检验

变量	方程 1（因变量：Y）				方程 2（因变量：Y）			
	β	se	t	p	β	se	t	p
constant	198	1.865	106	0.000	0.121	0.138	0.874	0.383
X	0.901	0.154	5.83	0.000	0.188	0.051	3.719	0.000
M					0.355	0.061	5.778	0.000
W	0.036	0.046	0.780	0.436	0.008	0.045	0.167	0.867
X∗W	0.016	0.042	0.384	0.701	-0.052	0.044	-1.187	0.236
M∗W					0.461	0.049	9.340	0.000
R^2			0.266				0.310	
F			25.757***				22.730***	

注：*p＜0.05，**p 小于 0.01，***p 小于 0.001，均为双侧。

图 9 - 39　有调节的中介做表格示范

效应表格做完后，还要做有调节的中介效应在不同调节水平上的效果量的 Bootstrap 检验结果，如图 9 - 40 所示，在 Process 结果里找到"Conditional indirect effects"一行，结果显示在负一个标准差下，调节作用是 0.0803，在正一个标准差下，调节量是 0.1571，在标准差下效果量是 0.1159，可以解释为调节变量较高被试（M+1SD），中介变量 M（本例是中介后半段调节显著）对因变量 Y 有显著正向预测作用，simple slope（斜率）=0.1571，t=3.1064，p＜0.05。而对于调节变量较低被试（M-1SD），中介变量虽然也对因变量有显著预测作用，但其预测作用较小，simple slope（斜率）=0.0803，t=2.0230，p＜0.05，表明随着调节变量的变低，中介变量对因变量的预测作用呈逐渐降低趋势。

在调节变量的不同水平下，中介效应在自变量与因变量之间的变化也要呈现表格（见图 9 - 41），一般要做调节显著的路径的效应值（几段显著就做几个表格），如直接路径显著，就要呈现高调节变量水平下效应值，低调节变量水平下效应值。下边有调节的中介效应比较一般，可以不呈现。图9－42是两条路径显著(直接效应路径和中介前半段)，则要分别呈现这两段路径在不同调节水平下的效应值。

```
Conditional indirect effects of X on Y:

INDIRECT EFFECT:
 ZX        ->      ZM        ->      ZY

        ZW      Effect      BootSE    BootLLCI    BootULCI
   -1.0000      .0803       .0292       .0297       .1425
     .0000      .1159       .0234       .0712       .1645
    1.0000      .1571       .0355       .0944       .2352

Pairwise contrasts between conditional indirect effects (Effect1 minus Effect2)
  Effect1     Effect2     Contrast     BootSE    BootLLCI    BootULCI
   .1159       .0803       .0356       .0187      -.0029       .0720
   .1571       .0803       .0768       .0456      -.0107       .1699
   .1571       .1159       .0412       .0272      -.0078       .0998
---
```

图9－40 有调节的中介在不同调节水平上的效果量

表 xx 有调节的中介效应的 Bootstrap 检验

结果类型	指标	效应值	BootSE	Boot 95%CI Low	Boot 95%CI High
有调节的中介效应	Eff1 (Mo4=M-1SD)	-0.022	0.014	-0.055	0.000
	Eff2 (Mo4=M)	0.078	0.019	0.044	0.118
	Eff3 (Mo4=M+1SD)	0.192	0.044	0.107	0.283
有调节的中介效应比较	Eff2-Eff1	0.099	0.025	0.052	0.150
	Eff3-Eff1	0.213	0.047	0.123	0.312
	Eff3-Eff2	0.114	0.038	0.041	0.194

图9－41 有调节的中介占比表格示范1

	意志控制	效应值	Boot 标准误	Boot CI 下限	Boot CI 上限
直接作用	3.05 (M-1SD)	0.27	0.04	0.19	0.35
	3.64 (M)	0.18	0.03	0.12	0.24
	4.23 (M+1SD)	0.09	0.03	0.03	0.15
注意控制的中介作用	3.05 (M-1SD)	0.08	0.02	0.05	0.11
	3.64 (M)	0.06	0.01	0.04	0.09
	4.23 (M+1SD)	0.04	0.01	0.02	0.07

图9－42 有调节的中介占比表格示范2

图9－43是斜率图的制作示范，将Process中调节显著的结果(9－43图右侧所框的值)录入excel模板中，则自动生成本段调节效应的斜率图。图9－43中截距198为原始数据未标准化的结果，实际检验中要进行标准化转换。

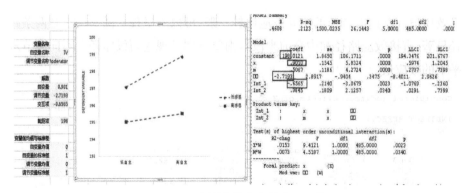

图 9 - 43   有调节的中介斜率图示范

三、常见问题及解析

1. 设想中的调节不显著怎么办?

一方面检查自己的数据是否准确,每一个环节都要认真检查。另一方面查看自己的操作过程是否规范,有没有遗漏和错误,建议在相关网站查找教学录像,跟随录像学习具体操作有否遗漏。

2. 截距过大,斜率图不标准

需要将原始数据转换成标准 Z 分数,这是非常简洁的操作。

专题十 链式中介

海耶斯的 Process 插件还有许多模型,如图 10 - 1 所示,有调节中介前半段的模型 7,有调节中介前半段和直接效应的模型 8,有调节中介后半段的模型 14 等,操作过程与专题九有调节的中介基本一致。

还有一种常见的引用问卷写作手法是多重中介模型,或链式中介模型,均要采用模型 6(见图 10 - 2、图 10 - 3)。

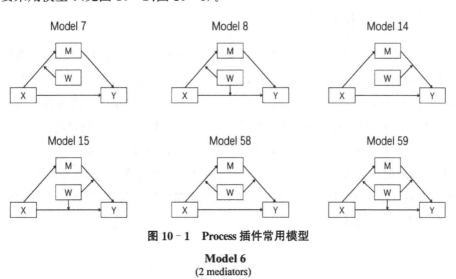

图 10 - 1 Process 插件常用模型

Model 6
(2 mediators)

Conceptual Diagram

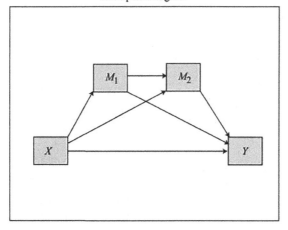

图 10 - 2 Process 模型 6:链式中介模型

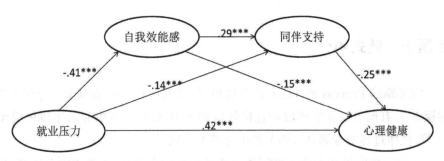

图 10‑3　研究生就业压力对心理健康的影响：链式中介模型

一、链式中介研究过程

链式中介论文研究过程同样要遵循有调节的中介研究过程，先建模，选择效应量一般固定不变的变量当中介变量，然后搜集问卷，进行测验，先描述得分、问卷、相关等，再计算共同方法偏差，前面的描述性统计和共同方法偏差操作过程与专题八一致，请参看相关内容。然后使用 Process 插件模型 6 进行检验。

我们以图 10‑4 为例，在 SPSS 中打开 Process 插件，将就业压力放入自变量，将心理健康放入因变量，将"自我效能感"和"同伴支持"一起放入中介变量，在打开的"Options"中选择 3、5、6 参数，依次点击"继续""确定"（数据文件为就业压力有效 385.sav）。

图 10‑4　链式中介检验过程

图 10 - 5 是链式中介 Process 结果,"OUTCOME VARIABLE"指被指向的变量,即方程中的因变量,自变量就业压力到中介变量自我效能感这段路径的方程显示,Model Summary 方程检验是显著的,就业压力对自我效能感的预测作用是显著的(t=-8.7435,p<0.001),标准化回归系数是-0.4079。第二段是以同伴支持为因变量,以自我效能感和就业压力为自变量的回归方程,结果显示这两段路径也是显著的,标准化回归系数分别是-0.1373 和 0.2945。第三段是以心理健康为因变量,以其余 3 个变量为自变量做的回归,结果显示3 条路径均显著预测了心理健康,标准化回归系数分别为 0.4179、-0.1538、-0.2529。

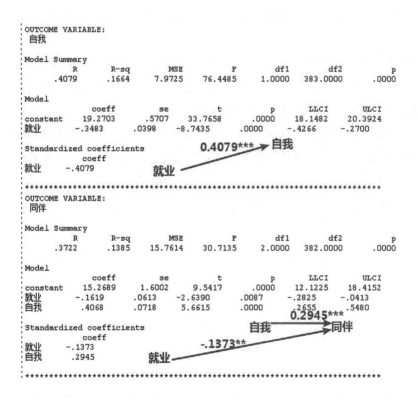

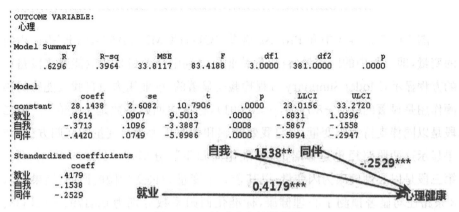

```
OUTCOME VARIABLE:
心理

Model Summary
        R       R-sq        MSE          F         df1        df2          p
    .6296      .3964     33.8117     83.4188     3.0000    381.0000       .0000

Model
             coeff        se          t          p        LLCI        ULCI
constant   28.1438     2.6082     10.7906      .0000     23.0156     33.2720
就业         .8614      .0907      9.5013      .0000      .6831      1.0396
自我        -.3713      .1096     -3.3887      .0008     -.5867      -.1558
同伴        -.4420      .0749     -5.8986      .0000     -.5894      -.2947

Standardized coefficients
             coeff
就业         .4179
自我        -.1538
同伴        -.2529
```

图 10 - 5　链式中介结果解读

如前文 10 - 3 所示,对各条路径进行标注。这时要填写链式中介效应量表格(见图 10 - 6)。

之后要对各路径效应值及此段效应占总中介效应的比例呈现出来,参考 Process 结果(见图 10 - 7),结果中明确了 Ind1 是自变量就业压力经中介变量 1 自我效能感到因变量的路径,此段路径效应值为 $-0.41 * -0.15 = 0.0627$,以此类推,第二段路径效应值为 0.0347,第三段路径值为 0.0304,整理成表格如图 10 - 8 所示。当中介变量 1 和中介变量 2 之间的路径不显著时,一般改变名称为并列或多重中介。

变量	自我效能感 中介1			同伴支持 中介2			心理健康 因变量		
	β	se	t	β	se	t	β	se	t
常量	19.27	.57	33.76***	15.26	1.60	9.54***	28.14	2.60	10.79***
就业压力 自变量	-.41	.04	-8.74***	-.14	.06	-2.63***	.42	.09	9.50***
自我效能感 中介1				.29	.07	5.66***	-.15	.11	-3.38***
同伴支持 中介2							-.25	0.051	-5.89***
R² 预测变异量	.17			.14			.39		
F 方程检验值	76.44***			30.71***			83.42***		

注:*p<0.05, **p 小于 0.01, ***p 小于 0.001, 均为双侧。

图 10 - 6　链式中介模型效果

```
:Completely standardized indirect effect(s) of X on Y:
:         Effect      BootSE    BootLLCI    BootULCI      完全标准
:TOTAL    .1278      .0285      .0723      .1836        化间接效应
:Ind1     .0627      .0240      .0155      .1106
:Ind2     .0347      .0153      .0070      .0675
:Ind3     .0304      .0095      .0140      .0510
:
:Indirect effect key:
:Ind1 就业      ->      自我      ->      心理
:Ind2 就业      ->      同伴      ->      心理
:Ind3 就业      ->      自我      ->      同伴      ->      心理
```

图 10‑7 链式中介效应各路径效应值及占比 Process 取值

	Effect	BootSE	BootLLCI	BootULCI	效应量（%）
直接效应	0.4179	0.0907	0.3829	0.4576	
路径 1	0.0627	0.0239	0.0168	0.1092	11.5
路径 2	0.0347	0.0153	0.0082	0.0679	6.3
路径 3	0.0304	0.0097	0.0139	0.0515	5.6
总中介效应	0.1278	0.0.85	0.0722	0.1849	23.4

注：路径1：就业压力-自我效能感-心理健康；路径2：就业压力-同伴支持-心理健康；路径3：就业压力-自我效能感-同伴支持-心理健康。

图 10‑8 链式中介效应各路径效应值及占比

二、常见问题及解析

1. 遮掩效应

正常情况下，直接效应和中介效应是共同作用于因变量的，比如都是正相关，合在一起是正常的中介。当中介变量有负相关时，这时中介变量对直接效应是负作用，也就是说加上中介变量后，反而削弱了直接效应，就是物极必反的意思。那么遮掩中介效应怎么表达？

一方面可以不计算占比，只阐明中介效应大小即可。另一方面可以计算占比，但要除以总效应的绝对值。在链式中介中，也可以采取绝对值进行计算占比。

2. 链式中介有路径不显著怎么办

中介变量有可能在某条路径不显著，只要这条完整路径是显著的，也可以表达。在论文中呈现时，不显著路径一般是用虚线来表现，显著的路径用实线表现。

3. P 值不显著，但置信区间不包含 0

这种情况下，不能完全看 P 值，在 BootStrap 抽样检验过程中，更看重的是 BootStrap 上限和下限置信区间是否包含 0，如果不包含 0，我们也可以说这段路径效应或中介效应是显著的。另一种处理方法是放宽概率，即原来默认是 95% 的概率，可以放到 90% 进行抽样计算。在国际上有许多实证研究采用了 90% 置信区间。图 10 - 9 即采用 90% 置信区间的实证研究图例。

Table 2. Model Fit Statistics	Measurement Model (n = 183)	Measurement Model with Common Method Factor (n = 183)	Structural Model (n = 183)
CFI	0.945	0.962	0.931
Chi-square/df	1.623 (599.015/369)	1.459 (496.175/340)	1.625 (752.407/463)
RMSEA (90% Confidence Interval)	0.058 (90% C.I.: 0.050 – 0.067)	0.050 (90% C.I.: 0.040 – 0.059)	0.058 (90% C.I.: 0.051 – 0.066)
SRMR	0.057	0.043	0.085

图 10 - 9　采用 90% 置信区间的实证研究图例

第四编
差异检验

专题十一　数据的转换与计算

使用问卷调查法撰写毕业论文时,一般需要在问卷上安放数目不等的人口学变量,用以检验研究对象的样本间实质性差异现象,目的是就不同人群有针对性地提出不同对策。

一、负向计分的转正

为了提高调查的真实性,量表或问卷一般要设置数目不一的反向计分题。如果被调查对象胡乱回答,很容易通过题项间的逻辑关系被淘汰掉。反向题在处理数据第一步时就要转为正向计分,否则会出现统计结果不准确的结果。实证类论文无论原问卷如何计分,一般默认要求是按问卷名称计分,比如心理健康问卷应该是得分越高,心理越健康;手机成瘾问卷得分越高,手机成瘾越严重。所以转换计分就是非常重要的一步。

我们使用专题十的手机依赖对心理健康的影响论文数据文件(xljk—副本.sav)进行演示。假设手机依赖量表 Q1—Q10,双数题为反向计分题,那么我们要先将这些题转换为正向计分。

操作如下:SPSS—转换—重新编码为相同变量(见图 11‑1,同前自编问卷中反向计分转换)。

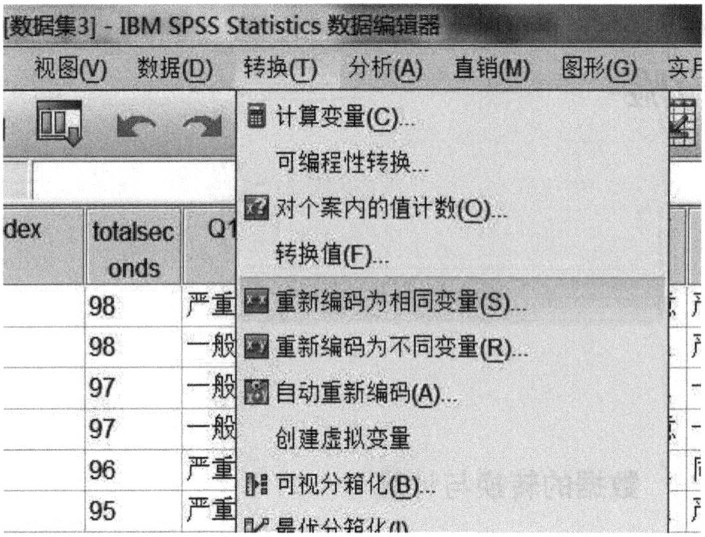

图 11 - 1   负向计分转正操作 1

在弹出的"重新编码为相同变量"对话框中，将反向计分题挪入右侧"数字变量"里，继续点击"旧值和新值"，在弹出的对话框里，"旧值"输入 6，"新值"输入 1，然后点"添加"（本量表是 6 级计分制，所以反向计分规则是 1 变 6，2 变 5，3 变 4，4 变 3，5 变 2，6 变 1），依次将原计分 1 到 6，变成 6 到 1，点击"继续"，返回"重新编码为相同变量"对话框，点击"确定"（见图 11 - 2）。

图 11 - 2   负向计分转正操作 2

二、人口学变量描述

在统计工作中,平均数(M)和标准差(SD)是描述数据资料集中趋势和离散程度的两个最重要的测度值。其他常用到的描述值是频率(N)、最小值(Min)、最大值(Max)。

平均数(均值),统计学术语,是表示一组数据集中趋势的量数,指在一组数据中所有数据之和再除以这组数据的个数。它是反映数据集中趋势的一项指标。

标准差(standard deviation),在概率统计中最常使用作为统计分布程度(statistical dispersion)上的测量。标准差的定义是总体各单位标准值与其平均数离差平方的算术平均数的平方根。它反映组内个体间的离散程度。标准差就是样本平均数方差的开平方,它通常是相对于样本数据的平均值而定的,通常用 M±SD 来表示,表示样本某个数据观察值相距平均值有多远,标准差受到极值的影响。标准差越小,表明数据越聚集;标准差越大,表明数据越离散。

1. 描述统计 SPSS 中操作

(1)依次选择分析—描述—频率,出现"频率"对话框,将要描述的变量挪入"变量"内(见图 11-3)。

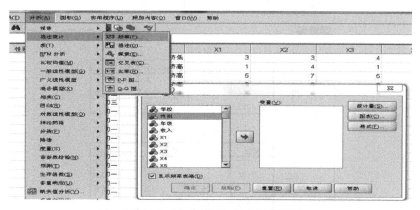

图 11-3　描述性统计操作示意图 1

(2)统计量选择均值、标准差、最小值、最大值,点击继续—确定(见图 11-4)。

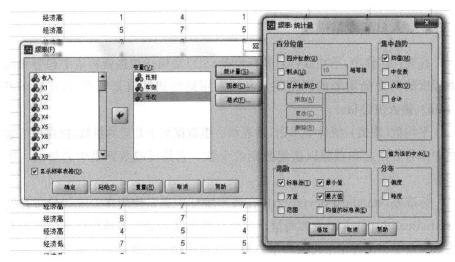

图 11 - 4　描述性统计操作示意图 2

(3)结果描述(见图 11 - 5、图 11 - 6)：

统计量

		性别	年级	学校
N	有效	392	392	392
	缺失	0	0	0
均值		1.43	1.97	1.59
标准差		.496	.786	.493
极小值		1	1	1
极大值		2	3	2

频率表

性别

		频率	百分比	有效百分比	累积百分比
有效	女	224	57.1	57.1	57.1
	男	168	42.9	42.9	100.0
	合计	392	100.0	100.0	

年级

		频率	百分比	有效百分比	累积百分比
有效	初一	127	32.4	32.4	32.4
	初二	150	38.3	38.3	70.7
	初三	115	29.3	29.3	100.0
	合计	392	100.0	100.0	

学校

		频率	百分比	有效百分比	累积百分比
有效	城市	161	41.1	41.1	41.1
	乡村	231	58.9	58.9	100.0
	合计	392	100.0	100.0	

图 11 - 5　描述性统计操作示意图 3

表** 调查样本的人口统计学资料

性别	年级	生源地	独生子女	倾诉对象	指导方式
男	四年级 n=109	城镇	是	妈妈 n=112	吼叫型 n=77
n=114	五年级 n=111	n=165	n=132	爸爸 n=28	压力型 n=87
女	六年级 n=19	农村	否	朋友 n=102	推托型 n=129
n=111		n=70	n=103		民主型 n=136
					忽视型 n=23

图 11-6 论文中描述性资料展示范例表格版

2. 三线表的制作(论文中必须使用三线表阐述数据结果)

(1)打开 WORD 文档,依次点击"插入—表格—3×6 表格",即可得到 3 列 6 行的空白表格(见图 11-7)。

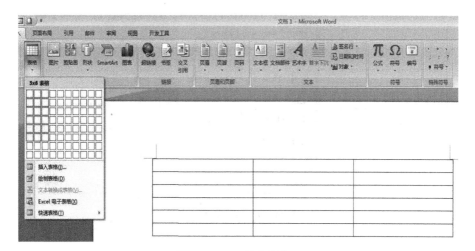

图 11-7 三线表制作 1

(2)选中空白表格,点击鼠标右键,出现工具栏选项,选中"边框和底纹"(见图 11-8)。

(3)出现"边框和底纹"对话框。在"设置"处选择"无",即去掉表格的所有边框(见图 11-9)。

(4)点击"宽度"下拉菜单,选择"1.5 磅",并在右侧表格示意栏中用鼠标点击顶线和底线处,即可看到上下出现两条粗线。点击"确定"(见图 11-10)。

图 11 – 8　三线表制作 2

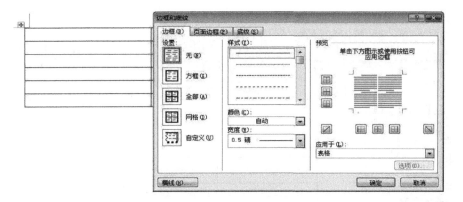

图 11 – 9　三线表制作 3

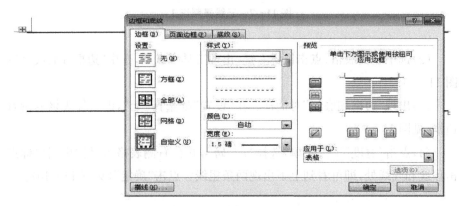

图 11 – 10　三线表制作 4

(5)得到顶线和底线加粗的表格,选中表格第一行,鼠标右键出现工具栏,仍然选择"边框和底纹"。在"宽度"下拉菜单中选择"0.75磅",并在右侧表格示意栏下方点击鼠标左键,即得到0.75磅的细横线,点击"确定"(见图11-11)。

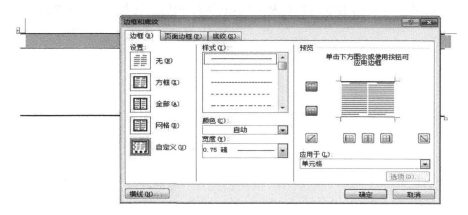

图 11-11　三线表制作 5

(6)标准三线表示范(见图11-12)。

编号	身高（cm）	体重（kg）
1	165	45
2	170	48
3	165	49
4	160	50
5	173	52

图 11-12　三线表范例

三、变量的计算

见专题四自编问卷项目分析。

四、常见问题及解析

1. 必须重视数据的计算

后续的统计结果是建立在计算准确的基础上,如果前期出现计算错误,比如负向计分未转正,缺失值未补齐,维度内的题错加到别的维度,那么后续的结果就是不准确的。

2. 常见描述性错误

在以往辅导学生过程中，经常见到基本描述性错误，如发放 500 份问卷，回收有效问卷 460 份，有效回收率为 90%，其实是 92%。这些都需要认真运算。

专题十二 T检验与方差分析

一、T检验

T检验是小样本差异性检验,目的是检验两组变量间有无实质性差异。H0是假设两组变量间没有实质性差异,H1是假设两组变量间有显著性差异。如果检验结果*P值*大于0.05,则接受H0假设,说明两组变量间没有实质性差异。如果检验结果*P值*小于0.05,则接受H1假设,说明两组变量间有实质性差异。需要注意的是,不要过分追求实质性差异,首先要看被试分数处在什么水平,然后再看有没有实质性差异。

1. 下面以实例演示 T 检验过程

以图12-1计算变量用于正式问卷检验示意图为例。SPSS打开后依次选择分析—比较均值—独立样本T检验,出现"独立样本T检验"对话框,左侧是数据文件变量列表,右侧上半部是"检验变量"(比如要检验男女的成绩差异,要把成绩变量放入检验变量框内),右侧下半部为"分组变量"(要放入性别、独生子女、生源地)。在分组变量"定义组"内输入1或2(假设你将男定义为1,女为2),点击"确定"即可(见图12-2)。

总分	认知	需求	自主	学校支持	
99.00	25.00	25.00	24.00	25.00	
99.00	24.00	25.00	25.00	25.00	
98.00	23.00	25.00	25.00	25.00	
93.00	22.00	23.00	24.00	24.00	
92.00	24.00	21.00	22.00	25.00	
92.00	22.00	23.00	22.00	25.00	
92.00	24.00	18.00	25.00	25.00	

图12-1 计算变量用于正式问卷检验示意图

T检验结果分为组统计量(每一组的人数、平均值、标准差、标准误)供参考比较,但是否有实质性差异,要看独立样本检验的结果,"方差方程的Levene检验栏"是方差是否齐性的结果,当此栏里Sig值大于0.05时,表明两组数据与方差相等没有显著性差异,即两组数据方差相等。均值方程的t检验结果要看

图 12 - 2　T 检验过程示意图

第一行，当第一行 Sig 值大于 0.05 时，即表明两组数据没有显著性差异（见图 12 - 3，方差齐性检验值 0.645＞0.05，两组 T 检验值看第一行 0.027＜0.05，表明两组 T 检验有实质性差异，结合上图平均值，男生优越感 14.05 显著高于女生12.07）。当第一行 Sig 值小于 0.05 时，即表明两组数据有实质性差异。在"方差方程的 Levene 检验栏"Sig 值小于 0.05 的情况下，表明两组数据方差不等，要看均值方程的 t 检验结果第二行，当第二行 Sig 值大于 0.05 时，即表明两组数据没有显著性差异，当第二行 Sig 值小于 0.05 时，即表明两组数据有实质性差异。

2. T 检验在论文中的表述

T 检验在论文中的表述如图 12 - 4、图 12 - 5 所示。解释说明，本问卷设定分数越高受错误指导方式影响的心理波动越大，从问卷总分上看，男女生有显著性差异（t＝3.047**），男生（M＝40.3，SD＝12.6）心理受影响显著高于女生（M＝35.8，SD＝12.3）。这可能由于同龄男生心理成熟度小于女生所致，所以家长与老师要加强对男生正确的辅导作业方式。

组统计量

	你的性别	N	均值	标准差	均值的标准误
总分	男	56	50.6071	15.63525	2.08935
	女	248	46.6452	13.35179	.84784
优越感	男	56	14.0536	4.38767	.58633
	女	248	12.6774	4.12369	.26185
刻板印象	男	56	10.8750	4.62822	.61847
	女	248	10.0000	4.28537	.27212
从众	男	56	12.1786	4.42763	.59167
	女	248	11.0968	4.03611	.25629
消极情感	男	56	13.5000	4.93964	.66009
	女	248	12.8710	4.30040	.27308

独立样本检验

		方差方程的 Levene 检验		均值方程的 t 检验					差分的 95% 置信区间	
		F	Sig.	t	df	Sig.(双侧)	均值差值	标准误差值	下限	上限
总分	假设方差相等	1.753	.187	1.941	302	.053	3.96198	2.04110	-.05460	7.97857
	假设方差不相等			1.757	74.157	.083	3.96198	2.25482	-.53068	8.45465
优越感	假设方差相等	.213	.645	2.229	302	.027	1.37615	.61740	.16120	2.59110
	假设方差不相等			2.143	78.433	.035	1.37615	.64214	.09786	2.65445
刻板印象	假设方差相等	.826	.364	1.360	302	.175	.87500	.64356	-.39143	2.14143
	假设方差不相等			1.295	77.708	.199	.87500	.67569	-.47028	2.22028
从众	假设方差相等	.832	.362	1.779	302	.076	1.08180	.60811	-.11486	2.27846
	假设方差不相等			1.678	76.973	.097	1.08180	.64479	-.20215	2.36575
消极情感	假设方差相等	1.469	.226	.961	302	.337	.62903	.65449	-.65890	1.91697
	假设方差不相等			.881	74.948	.381	.62903	.71434	-.79403	2.05209

图 12-3　T 检验结果参考

表 性别差异分析表

检验变量	性别	N	M	SD	t
珍爱生命	男	273	4.5963	0.59494	-1.876
	女	324	4.7100	0.45963	
目标存在	男	273	4.4165	0.75150	-1.063
	女	324	4.4981	0.58600	
自我管理	男	273	4.1634	0.77999	-0.947
	女	324	4.2424	0.68070	
生命代价	男	273	4.2857	0.77091	-2.776**
	女	324	4.4951	0.53127	
感恩奉献	男	273	3.8740	0.75631	0.138
	女	324	3.8623	0.73227	

注：*p<0.05，**p<0.01，***p<0.001。

图 12-4　T 检验结果表述形式 1

表**不同性别小学生受家庭作业错误指导方式影响T检验

	总体问卷	情绪影响	认知影响	人格影响
男（n=145）	40.3±12.6	11.9±4.6	9.0±3.3	19.4±7.2
女（n=145）	35.8±12.3	10.1±4.5	8.1±3.3	17.6±7.0
T值	3.047**	3.226**	2.357*	2.189*
Sig	0.003	0.001	0.019	0.029

注：*$P<0.05$，**$P<0.01$，***$P<0.001$

图 12-5　T检验结果表述形式 2

特别说明：T检验不必刻意追求两组人群差异显著，有的初学者一看P值大于 0.05，没有显著差异，就会习惯性地放弃研究了，重要的是先看两组人群处在什么分数水平。我们假设分数越高，手机依赖越严重，满分是 100 分，如果男女两组人群都是 80 分以上，我们就可以充分得到一个结果，即我们调查的这个群体有显著的手机依赖倾向；已经分数快接近满分，则说明手机依赖是很严重的问题了。

此外，要是 T 检验结果有显著性差异的话（$P<0.05$），那么在说明两组被试所处水平之后，还要解释两者的差异在什么地方，并用逻辑思维给这种差异以可能的解释。比如，独生子女和非独生子女在移情（站在别人角度思考问题）维度上有显著性差异，那么最可能的解释就是独生子女没有兄弟姐妹，没有经历过换位思考教育，而非独生子女因为从小要与兄弟姐妹相处，父母会因为分配、打架问题等教育其要换位思考。所以非独生子女在移情维度上显著高于独生子女。

T值和P值都是用来判断统计上是否显著的指标。期刊上习惯用 T 值判断显著性（T值 1.96 相当于P值0.05，T值上标注 1 颗星；T值 2.576 相当于P值0.01，T值上标注 2 颗星；T值 3 相当于P值0.001，T值上标注 3 颗星）。此处尤其要注意，经常有学生在呈现 T 检验表格时，标注错误的 T 显著性，比如T值为 1.56 *，这是错误的。

二、方差分析

当分组变量多于 3 个，如年级、职称等，T检验将不适合进行，这时要用到方差分析。方差分析是 SPSS 中的难点之一，有单因素、双因素、重复测量、协方差等，我们先介绍最简单的单因素方差分析。

1. 操作要点

SPSS 中依次选择分析—比较均值—单因素 ANOVA,出现"单因素方差分析"对话框。图 12-6 即为方差分析结果示意图。

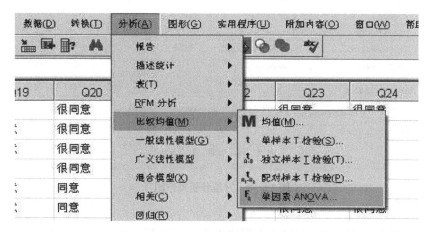

图 12-6 方差分析操作图 1

将加好的总分的各因子分挪入"因变量列表"里,将 3 个以上分类的人口学变量挪入"因子"里(图 12-7)。

图 12-7 方差分析操作图 2

方差分析需要比较差异,所以继续点击"两两比较",出现"单因素 ANOVA:两两比较"对话框,选择"LSD""Bonferroni""Tukey"三种常用事后比较方法,点击"继续"(见图 12-8)。

图 12‑8　方差分析操作图 3

点击"确定"后，在 SPSS 查看器里查看分析结果。图 12－9 即为方差分析结果示意图。

ANOVA

		平方和	df	均方	F	显著性
总分	组间	947.610	2	473.805	2.491	.085
	组内	57247.640	301	190.191		
	总数	58195.250	303			
优越感	组间	162.683	2	81.341	4.724	.010
	组内	5182.867	301	17.219		
	总数	5345.549	303			
刻板印象	组间	64.832	2	32.416	1.717	.181
	组内	5684.270	301	18.885		
	总数	5749.102	303			
从众	组间	38.042	2	19.021	1.119	.328
	组内	5117.314	301	17.001		
	总数	5155.355	303			
消极情感	组间	56.161	2	28.080	1.439	.239
	组内	5871.787	301	19.508		
	总数	5927.947	303			

图 12‑9　方差分析结果 1

ANOVA 表最右侧"显著性"栏里值以 0.05 为界，小于 0.05 即为该因子有显著性差异，图 12－9 表明在优越感维度，不同地区的被试有显著性差异（F＝4.724）。如果有差异，则要继续看下面的事后比较表。我们选用了 3 种方差比

较方式,如果 3 种结果不相同,以多者为准,图 12 - 10 表示南方和中西部分别
显著比北方高 1.58 和 2.07 分,顺序则是中西部>南方>北方。

多重比较

LSD						95% 置信区间	
因变量	(I) 你来自于	(J) 你来自于	均值差 (I-J)	标准误	显著性	下限	上限
总分	北方	南方	-4.28922*	1.92957	.027	-8.0864	-.4921
		中西部	-.14528	4.08544	.972	-8.1849	7.8944
	南方	北方	4.28922*	1.92957	.027	.4921	8.0864
		中西部	4.14394	4.32793	.339	-4.3729	12.6608
	中西部	北方	.14528	4.08544	.972	-7.8944	8.1849
		南方	-4.14394	4.32793	.339	-12.6608	4.3729
优越感	北方	南方	-1.58648*	.58059	.007	-2.7290	-.4440
		中西部	-2.07891	1.22926	.092	-4.4979	.3401
	南方	北方	1.58648*	.58059	.007	.4440	2.7290
		中西部	-.49242	1.30223	.706	-3.0550	2.0702
	中西部	北方	2.07891	1.22926	.092	-.3401	4.4979
		南方	.49242	1.30223	.706	-2.0702	3.0550

图 12 - 10　方差分析结果 2

2. 方差分析论文中描述

图 12 - 11 和图 12 - 12 是方差分析描述的两个范例。文字表述如下:初一学
生手机使用时间为(3.28±4.39)小时,初二学生手机使用时间为(4.44±3.65)小
时,初三学生手机使用时间为(3.15±4.64)小时,初一、初二、初三学生手机使用时
间差异具有统计学意义($F=68.810, P<0.001$)。其中,初二与初一,初二与初三
学生手机使用时间差异均具有统计学意义($P<0.001$),初一与初三学生手机使用
时间差异无统计学意义($P>0.05$)。有的期刊版面有限,可以使用综合表格,如图
12 - 13 所示。

表** 年级差异分析表

变量	初一（N=200）		初二（N=193）		初三（N=204）		F	LSD
	M	SD	M	SD	M	SD		
珍爱生命	4.5361	0.61531	4.6956	0.42138	4.7168	0.53400	3.502*	3>1*, 2>1*
目标存在	4.4669	0.57311	4.3644	0.64416	4.5297	0.76900	1.598	
自我管理	4.1838	0.64167	4.0374	0.74325	4.3628	0.76611	5.385**	3>2***
生命代价	4.2423	0.66581	4.3546	0.66670	4.5487	0.64595	5.857**	3>1***,3>2
感恩奉献	3.7010	0.73378	3.8265	0.66341	4.0478	0.78298	6.103**	3>1***,3>2

注: *$p<0.05$, **$p<0.01$, ***$p<0.001$。

图 12 - 11　方差分析描述范例 2(适合学术论文)

表　不同人口学变量实证研究自我效能感问卷检验统计表

维度	实证感知	实证信念	实证动机	支持指导	问卷总分
初级(n=59)	18.16±3.95	19.64±3.91	20.64±3.16	19.13±3.67	77.59±12.19
中级(n=71)	18.02±3.76	19.64±3.23	20.30±3.86	18.61±3.49	76.60±11.64
高级(n=68)	20.00±3.42	20.79±2.97	20.63±3.56	19.45±4.17	80.88±11.85
职称F值	5.930**	2.59	0.193	0.859	2.428

图 12‑12　方差分析描述范例 1（适合学位论文）

变量		维度一		维度二		维度三		维度四	
		均值	标准差	均值	标准差	均值	标准差	均值	标准差
性别	男	4.26	0.517	5.26	0.654	6.23	1.321	5.23	0.652
	女	4.17	0.577	5.23	0.523	4.89	0.323	4.98	0.365
	T	6.456***		1.203		7.894***		2.032*	
年龄	<20	4.08	1.234	4.12	0.769	4.56	0.456	4.22	0.321
	21-30	4.22	0.954	4.19	0.646	4.78	0.123	4.23	0.423
	31-40	4.38	0.855	4.29	0.725	5.02	0.352	4.25	0.325
	F	3.215***		1.122		4.356***		0.987	

图 12‑13　T 检验、F 检验综合表述范例

三、常见问题及解析

1. T 检验无差异，不知道怎么写结论

T 检验不是追求实质性差异，重要的是首先要看不同属性被试得分处在什么水平。比如调查初中生手机成瘾，重要的是整体处在成瘾的什么水平。是普遍手机成瘾还是个别成瘾。其次才是不同群体属性的差异，不同年级、性别、不同家庭结构等的差异，有了差异之后，要结合资料给出最可能的原因和对策。

2. 方差检验怎么比较差异

方差检验同 T 检验一样，首先也是要看整体的水准，然后针对实质性差异进行原因分析和对策建议。我们不能简单根据得分进行判断，要根据不同方法的检验结果，如采取 3 种不同检验方法，取 2 种一致的结果去判断（见图 12‑14）。在单因素方差分析操作中，选择两两比较，选择 S-N-K 的方法，在结果中会将不同组别得分自动分组。

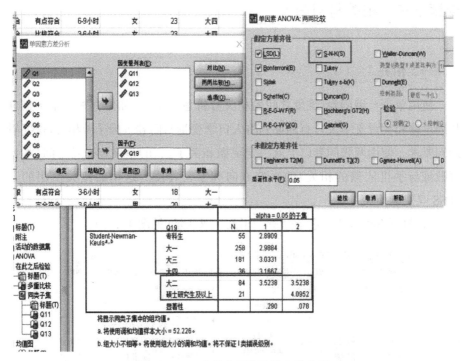

图 12‑14　方差分析有差异自动分组

专题十三　相关与回归

一、相关

使用单个自编问卷，维度之间的相关分析意义不大（如体育锻炼中玩排球与踢足球相关意义不大），有的期刊将人口学变量与问卷各因子做相关，这要看期刊要求。使用两张问卷以上就一定要做相关了，为的是确定问卷之间（如体育锻炼与手机依赖的相关）的影响方向和紧密程度。这里的相关使用的是SPSS 双变量相关。

（1）打开 SPSS，依次选择分析—相关—双变量（见图 13 - 1）。

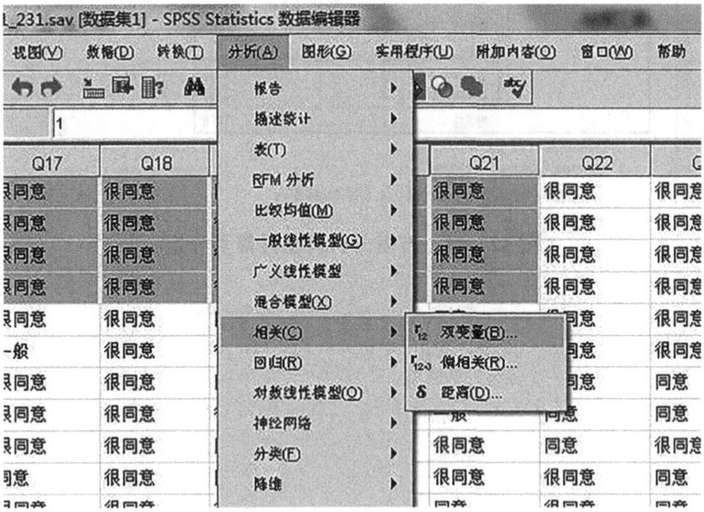

图 13 - 1　相关操作步骤 1

打开"双变量相关"对话框，将需要的变量挪入右上角"变量"框内，假设问卷一的维度 1—3、问卷二的维度 1—4 和问卷三的维度 1—3 都可以挪入（见图13 - 2）。双变量并不是只需要两个变量的意思（问卷的各因子分用计算变量加总即可，具体操作参考前边 T 检验处）。

选项里边可以选择"均值和标准差"，然后依次点击继续—确定，查看器里将出现相关分析结果（见图 13 - 3）。相关分析结果表格里带 * 的为显著性相关，带－的为负相关，即两者起反向作用。

图 13-2　相关操作步骤 2

[数据集1]　H:\spss\49257841_231_231.sav

相关性		您的职称是	您的学历	因子1	因子2	因子3	因子4
您的职称是	Pearson 相关性	1	.319**	.171**	.127*	-.090	-.047
	显著性（双侧）		.000	.003	.027	.119	.419
	N	303	303	303	303	303	303
您的学历	Pearson 相关性	.319**	1	.073	.187**	-.019	-.029
	显著性（双侧）	.000		.205	.001	.747	.618
	N	303	303	303	303	303	303
因子1	Pearson 相关性	.171**	.073	1	.558**	.514**	.561**
	显著性（双侧）	.003	.205		.000	.000	.000
	N	303	303	303	303	303	303
因子2	Pearson 相关性	.127*	.187**	.558**	1	.527**	.353**
	显著性（双侧）	.027	.001	.000		.000	.000
	N	303	303	303	303	303	303
因子3	Pearson 相关性	-.090	-.019	.514**	.527**	1	.489**
	显著性（双侧）	.119	.747	.000	.000		.000
	N	303	303	303	303	303	303
因子4	Pearson 相关性	-.047	-.029	.561**	.353**	.489**	1
	显著性（双侧）	.419	.618	.000	.000	.000	
	N	303	303	303	303	303	303

**. 在 .01 水平（双侧）上显著相关。
*. 在 0.05 水平（双侧）上显著相关。

图 13-3　相关操作结果表

（2）相关分析表述。

相关分析表述可以做成图表格式。若为文字表述，则应表述如下：本研究采用 Pearson 相关分析评价小学生手机使用时间和学习成绩下降的关系。这两个变量间存在线性关系，根据 Shapiro-Wilk 检验符合正态分布（$P>0.05$），并且不存在异常值。手机使用时间与学习成绩下降间存在中度正相关关系，r $=0.791$，$P<0.001$。

二、回归

相关分析只是一种方向性的影响，但不是绝对一一对应的确定关系。回归则以函数形式表示变量间的确定关系。常见的回归有一元、多元线性回归、曲线回归等。回归的目的主要是描述、解释和预测。如体育锻炼能否预测手机成瘾？这是一元直线回归。体育锻炼和父母监控能否一起减少学生手机依赖？这是复回归也叫多元回归。

（1）一元回归。

简单的一元回归可用图 13-4 表示。

图 13-4　简单回归示意图

回归操作如下：在 SPSS 中依次点击分析—回归—线性（见图 13-5）。

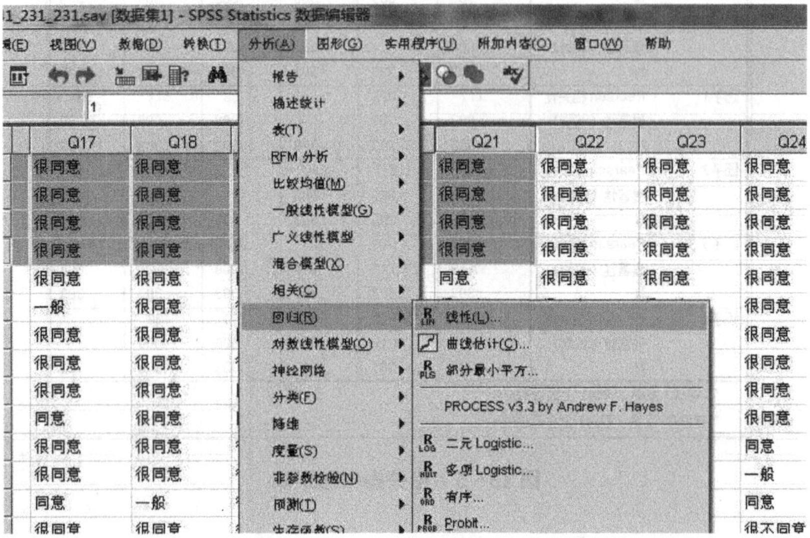

图 13-5　回归基本操作步骤 1

回归是比较复杂的操作之一。打开"线性回归"对话框,需要设定 DW 值、共线性、R 方改变等,在都符合的条件下,表明回归准确性高。我们这里假定这些都合格,这些条件要求大家可以学习研究。我们将"部分"放入"因变量"里,将"优越感"放入"自变量"里,然后点击"确定",最简单的线性回归即完成(见图 13-6)。

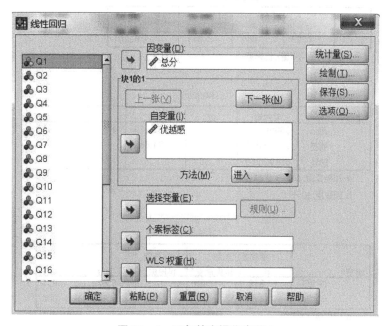

图 13-6 回归基本操作步骤 2

回归结果解读:模型汇总里 R 方是优越感可以预测地域歧视 61.3%变异,ANOVA 表里的 Sig 值小于 0.05,表明此回归方程是有显著性预测意义的。系数表格非标准化系数是问卷原始数据回归结果,公式为:地域歧视=13.978+2.583 * 优越感。此回归的意义在于证明优越感能显著预测地域歧视态度的程度(见图 13-7)。

基本多元回归适用于 3 张问卷,比如此例加入父母陪伴放入自变量框,可预测手机依赖 5.7%。方程是有显著性预测意义的(Sig<0.05),公式为:手机依赖=24.070-0.72 * 体育锻炼+0.264 * 父母陪伴(见图 13-8)。

输入／移去的变量[b]

模型	输入的变量	移去的变量	方法
1	优越感[a]	.	输入

a. 已输入所有请求的变量。
b. 因变量：总分

模型汇总

模型	R	R方	调整 R方	标准 估计的误差
1	.783[a]	.613	.611	8.63901

a. 预测变量：(常量)，优越感。

Anova[b]

模型		平方和	df	均方	F	Sig.
1	回归	35656.239	1	35656.239	477.758	.000[a]
	残差	22539.011	302	74.632		
	总计	58195.250	303			

a. 预测变量：(常量)，优越感。
b. 因变量：总分

系数[a]

模型		非标准化系数		标准系数		
		B	标准 误差	试用版	t	Sig.
1	(常量)	13.978	1.606		8.703	.000
	优越感	2.583	.118	.783	21.858	.000

a. 因变量：总分

图 13 - 7　回归基本操作步骤 3

(2)回归论文表述。

回归系数表格里有原始数据的非标准化系数 B，也有利用标准化系数表示的 β，二者是不一样的(见图 13 - 9)。

解读(回归其实就是前面有调节的中介或链式中介的结果)：

图 13 - 9 首先是以拖延行为作因变量，以性别、年龄、年级和手机成瘾为自变量进行多元回归，R 方是某一自变量可以预测因变量变异的百分比，如性别、年龄、年级和手机成瘾共预测拖延行为产生的 9% 变异。B 表明使用的是非标准化数据(原始数据)的系数，t 是显著性检验的指标，* 为 $P<0.05$，** 为 $P<0.01$，*** 为 $P<0.001$。t 和 P 都是决断差异是否显著的指标，$P>0.05$ 表示差异性不显著；$0.01<P<0.05$ 表示差异性显著；$P<0.01$ 表示差异性极显著。

模型汇总

模型	R	R 方	调整 R 方	标准 估计的误差
1	.239ª	.057	.054	7.74108

a. 预测变量: (常量), 父母陪伴, 体育锻炼。

Anovaᵇ

模型		平方和	df	均方	F	Sig.
1	回归	2283.918	2	1141.959	19.057	.000ª
	残差	37812.273	631	59.924		
	总计	40096.191	633			

a. 预测变量: (常量), 父母陪伴, 体育锻炼。
b. 因变量: 手机依赖

系数ª

模型		非标准化系数		标准系数		
		B	标准 误差	试用版	t	Sig.
1	(常量)	24.070	1.498		16.071	.000
	体育锻炼	-.072	.013	-.221	-5.692	.000
	父母陪伴	.264	.094	.109	2.802	.005

a. 因变量: 手机依赖

图 13 - 8　基本多元回归

表★ 注意控制的中介模型检验

回归方程(N = 1212)		拟合指标			系数显著性	
结果变量	预测变量	R	R²	F(df)	B	t
拖延行为		0.30	0.09	31.52$^{**}_{(4)}$		
	性别				0.06	1.05
	年龄				-0.09	-2.19*
	年级				0.18	3.22**
	手机成瘾				0.27	10.45**
注意控制		0.36	0.13	38.76$^{**}_{(4)}$		
	性别				-0.11	-2.07**
	年龄				-0.02	-0.74
	年级				-0.06	-1.20
	手机成瘾				-0.35	-11.91**
拖延行为		0.38	0.14	40.32$^{**}_{(5)}$		
	性别				0.03	0.57
	年龄				-0.10	-2.42*
	年级				0.16	3.09**
	注意控制				-0.24	-7.18**
	手机成瘾				0.19	6.33**

注: 模型中各变量均采用标准化后的变量带入回归方程, 下同。

图 13 - 9　回归表述标准范例

三、常见问题及解析

1. 回归的使用范围

回归是传统的数据统计方式，主打预测性。缺点是操作繁琐，我们在知网查看文献时，会发现有传统回归统计结果，也有利用 Process 插件，也有利用其他软件如 Stata、Mplus 等，其他软件的好处是计算回归简便。结构方程模型就是回归，一定要切记这一点。具体使用何种方法，根据个人情况而定。

2. 相关是很重要的利器

相关是很重要的统计步骤，在只有两个变量时，相关就是回归。在多个变量时，相关是回归的重要基础，比如在结构方程模型处理时，就要根据相关回归去看后续的模型检验结果，一般很难发生较大变化。

第五编
论文创作过程及撰写要点

专题十四 实证论文撰写要点

一、自编问卷创作过程

自编问卷创作过程流程可用图 14-1 简单描述，具体可阐释如下：

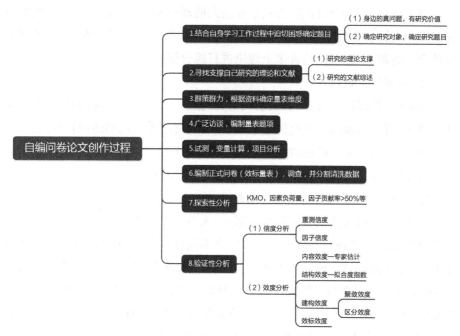

图 14-1 自编问卷创作过程流程图

1. 结合自身学习工作过程中的迫切困惑确定题目

(1)身边的真问题,有研究价值。

你在上网时,经常会碰到地域歧视者。他们说投资不过山海关,说河南人偷井盖,说福建人吃广东人等。这时你就会产生困惑,为什么他们要当地域歧视者? 他们是什么心理特征? 他们是多大年龄? 他们是男生还是女生? 怎么样能测试出谁是地域歧视者呢? 带着这些困惑,在网上搜索地域歧视量表,确定没有此类量表。那么,你就可以对此现象进行研究。

(2)确定研究对象,确定研究题目。

要编问卷,要先确定研究对象。儿童幼儿肯定不适合,他们大多不懂什么叫歧视。老人不合适,收集问卷很困难。"上班族"恐怕也不合适,他们太忙,不会有时间配合调查。只有小学生、中学生和大学生群体,可以结合自己所在的学校确定研究对象,方便取样。

题目可以确定为"中国大学生地域歧视态度量表的编制"。

2. 寻找支撑自己研究的理论和文献

(1)研究的理论支撑。

科学研究不是天马行空,要扎根在前人的理论基础上。比如地域歧视的研究多集中在社会心理学领域,那么问卷的编制就要以该学科为根基,在里面寻找最合适的理论,也可以结合多个理论进行综合研究。

(2)研究的文献综述。

在知网或国外文献网站查找前人研究的成果。重点在研究的范围、得到了什么结论、研究对象都是什么群体、相关资料有哪些等。比如地域歧视无量表,有具体对河南、东北受歧视现象的阐述,有原因分析如经济原因、认知原因、网络无忌原因等,要将这些资料收集并按逻辑规律整理。

3. 群策群力,根据资料确定量表维度

一人计短,最好多请教同行与专家,一人看中一个方面,合在一起会带给你思路。比如地域歧视量表确定过三次完全不同维度,一开始从心理学个性理论出发,确定了范围较广的认知因素、行为维度、情感维度,但后来发现题项难以编制,项目分析不理想。第二次细化为具体维度,优越感、刻板印象、从众及负性情绪,本以为已经很具体可行了,但在具体量表编制和检验过程中,指标一样不理想。第三次借鉴了著名的自杀态度量表中对自杀者态度及对自杀现象的态度,从而确定了明确指向的对地域歧视者的态度、对被歧视者的态度,量表得以顺利编制。

4. 广泛访谈，编制量表题项

结合所搜集到的资料、访谈专家、研究对象，确定量表题项，并多方验证，以保证被调查者能看懂，表达无歧义，不会引起争议，不会伤害被调查者心理。

5. 试测，变量计算，项目分析

问卷编制完成，首先要进行小范围调查，收集数据进行清洗计算并进行项目分析，通过独立样本 T 检验、题总相关、可靠性分析和同质性分析等步骤筛选不合格题项。具体过程见专题四。

6. 编制正式问卷，调查并分割清洗数据

将试测不合格的题项删除，加上人口学变量（性别、年龄为必要变量，其他可根据需要添加），并选取作为效标的量表一同编制成正式问卷大规模发放回收。将回收的数据随机分成两份，一份用于探索性分析（具体操作过程见专题五），一份用于验证性分析（具体操作过程见专题六）。

清洗数据：根据测谎规则、矛盾规则、遗漏原则等对正式数据进行清洗，以保证后续检验数据的可靠性。

7. 探索性分析

探索性分析是确定自己预先设定的维度是否正确的必需步骤，虽然操作简单，但实际上因为数据清洗的差别会导致困难重重。所以要非常重视此步，具体操作过程见专题七。

8. 验证性分析

（1）信度分析。

包括重测信度，可借助试测分析的样本进行重测。总信度与分因子信度，具体操作见专题八。

（2）效度分析。

内容效度借助专家判断，结构效度借助 Amos 软件进行。建构效度之区分效度和聚敛效度同样借助 Amos 软件进行。效标效度将验证性分析数据与效标量表进行相关分析。

二、结构方程模型论文创作过程

结构方程模型论文创作流程可用图 14 - 2 简单描述，具体可阐释如下：

1. 寻找自身学习工作过程中重要的有价值的领域来确定研究题目

（1）有研究价值为首要原因。

比如身边同学手机依赖比较严重，影响了学习成绩和人际交往，出现挂科，

图 14-2　结构方程模型论文创作流程图

那么怎么解决这种问题就很有价值。再比如如今补课现象很严重，到底能不能提高学生成绩？网络上对教师的负面批评铺天盖地，有什么负面影响？每解决一个问题，受益的就是整个群体。这样的研究才是科学研究的价值所在。

如果通过内在意志力的培养和外在学校户外活动的支持，最终使大学生克服了手机依赖现象，那么这种有调节的中介造福的就是数不清的大学生群体。如果证明了补课并不能提高中学生成绩，那么就为无数中学生的幸福人生奠定基础。如果证明了网络负面评价只会激化人民内部矛盾，强大自身心理素质和增加社会各界支持对广大教师是幸事，对广大教师所教的学生也是好事。所以，结构方程模型就可以为解决实际难题提供路径。

(2)广泛收集资料，确定自变量、因变量、中介变量和调节变量。

我们最先能确定的是自变量和因变量，比如手机依赖(自变量)现象会影响个体心理健康(因变量)；科研倦怠(自变量)会影响工作满意度(因变量)；网络负面评价(自变量)会影响教师主观幸福感(因变量)。这两个变量的确定和后面中介调节变量的确定，必须有前人的文献支撑。假如没有人研究过手机依赖与心理健康的关系，那么我们无法直接调查和统计并写论文，因为没有理论支持。

确定结构方程变量的原则就是以前人研究为基础。那么有人可能会有疑问，前人都研究过了，我们如何创新？一方面要从研究对象上创新，前人研究小学生，我们不妨研究中学生；前人研究普通人群，我们研究特殊人群。另一方面从变量关系上创新，前人研究过的变量可以变换位置尝试研究；前人是思辨研究，我们可以进行实证研究等。

中介变量选取的原则是由自变量引起，和自变量、因变量有因果关系。如网络负面评价会引起个体自尊心受挫，自尊心受挫会引起个体幸福感降低。在这个因果关系中，自尊心就成了中介变量。严格标准：中介变量必须是自变量X的结果，且必须是应变量Y的前提。

　　调节变量是影响自变量和因变量关系的方向、强度的类别或连续的变量。调节变量可以是定性的（如性别、种族、学校类型等），也可以是定量的（如年龄、受教育年限、刺激次数等），它影响因变量和自变量之间关系的方向（正或负）和强弱。严格标准：调节变量必须不是自变量X的结果。自变量、因变量、中介变量、调节变量和控制变量关系可用图14-3简单描述。

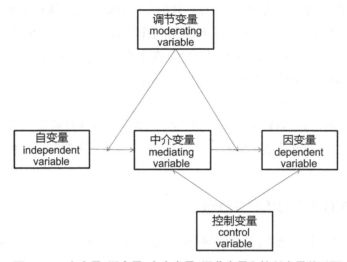

图14-3　自变量、因变量、中介变量、调节变量和控制变量关系图

　　2.寻找支撑自己研究的理论、文献和量表

　　（1）研究的理论支撑。

　　同自编问卷一样，结构方程模型也要寻找理论支持。

　　（2）研究的文献综述。

　　同样要在文献网站对4个变量间关系的文献进行资料收集并按逻辑规律整理。

　　（3）研究量表的收集。

　　量表要在学术网站上寻找，搜索引擎可能会出现错误。可以将长问卷截取自己需要的维度，加上性别和年龄后，发放调查。

　　3.清洗数据，计算数据

　　将回收的调查数据，依照相应规则进行数据清洗，删除不合格的样本，保证有效样本的可信度。将有效样本反向计分题转正，计算每个问卷的总分，并除去该问卷的题量,得到平均分。

4. 数据、人口学变量描述,相关和共同方法偏差

描述每个问卷数据的平均值与标准差,要使用第 3 步得到的平均分数据。描述人口学变量,相关使用标准化得分,共同方法偏差可在三种方法中任选。

5. 结构方程模型检验

(1)中介模型检验。

一般要采用 Process 模型 4 进行中介效应的检验。首先单独检验自变量 X、中介变量 M 和因变量 Y 是否有显著的中介效应。各条路径是否显著? 中介效应量如果小于 15% 一般是很难被期刊接受的。其次,加入控制变量后再次做中介效应检验,同样查看中介效应是否显著。最后,要将显著的结果整理成表格,即中介模型检验表和中介效应分解表。

(2)有调节的中介检验。

要先使用 Process 模型 59 进行检验,也要先独自变量检验然后再加入控制变量检验,在调节项结果显著后,将检验结果整理成有调节中介模型检验表和斜率图。

三、实证论文写作要点总结

(以结构方程模型为例,自编问卷的写作请参看专题十五,自编问卷范文)

我们常见的论文按作用可分为学术论文与学位论文。学术论文是代表科研工作者自身学术水平的证据,一般要求要按所发期刊而定,如字数一般不要求太多,从 3000 字到 10000 字不等,摘要 200 至 300 字,参考文献主要是 GB/T 7714 格式或 APA 格式,图表规范(一般为三线表),文献综述要精简凝练等。

学位论文按学生学历要求,一般是本科论文 6000 字起,硕士论文 20000 字起,博士论文 15 万字起,相比于学术论文,学位论文的摘要、格式、综述等要按学校规定进行。学位论文一般要求达到最低字数要求,因此学生文献综述和理论总结水平的不足会导致论文写作的困境。因此,我们可以从调查问卷的数据入手,挖掘数据,寻找问题,并给出对策与建议。本节以纲要的形式讲解学位论文的写作要素(本节以学术论文为例,学位论文可以在此基础上进行扩充)。

1. 选题

(1)选题标准。

论文选题一般有三个标准,首先是你是否对这个选题感兴趣。如果自己都不感兴趣,就不会全心投入去写,更不会写出别人有兴趣读的好文章。其次,选

题的价值。有学者分析文献,发现有 2/3 的文章只是增加数量,如果不发表根本不影响该领域的学科发展,有 1/4 的文章价值一般,这些文章对众所周知的理论做一些轻微的改动,没有创新性贡献。有价值的文章仅占 10%,能开辟新的研究领域,引起人们的兴趣。最后还要可写,本科生可以先写一张问卷,研究信效度和人口学变量间的差异;研究生可以写 2—3 张问卷,研究三者的相关关系、中介或调节作用。

(2)实证研究选题。

实证研究选题要从专业角度出发,符合所学专业。实证研究选题要选新不选旧,别人已经研究过很多次的领域,我们很难写出新的有价值的东西。实证选题要小而美。范围越大越难以写周全。如:

教育新闻负面评价对教师心理影响实证研究(教育学专业)、家庭作业指导方式对小学生亲子关系影响实证研究(心理学专业)、英语课堂小组合作对英语成绩的影响研究(英语教育专业)、网络文学对中学生语文兴趣影响研究(汉语言教育专业)。题好文一半。提出问题是解决问题的第一步,选准了论题就等于完成论文写作的一半。题目选得好,可以起到事半功倍的作用。

写论文题目一定要精心打磨,可以用疑问式。不能使用未约定俗成的字母缩写,题目一般不要超过 20 个汉字,可以打破常规,巧妙创新。

2. 摘要与关键词

摘要一般不超过 250 字,要让别人看到摘要就知道你论文写的是什么,即独立成篇。避免自夸,关键词要准确,数量为 3 个起(见图 14-4)。

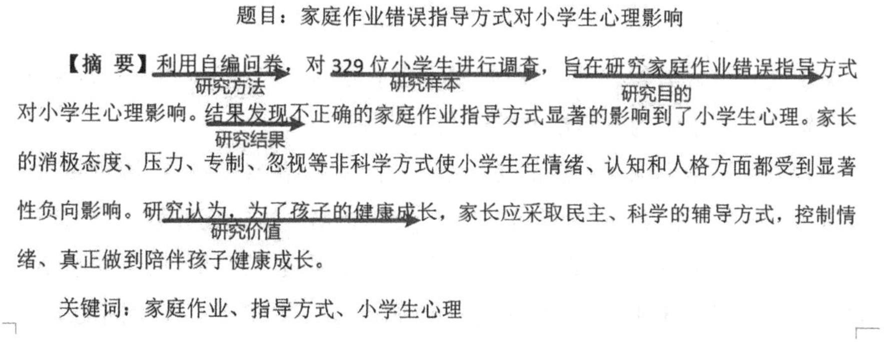

题目:家庭作业错误指导方式对小学生心理影响

【摘 要】利用自编问卷,对 329 位小学生进行调查,旨在研究家庭作业错误指导方式
　　　　　研究方法　　　　　研究样本　　　　　　　　　研究目的
对小学生心理影响。结果发现不正确的家庭作业指导方式显著的影响到了小学生心理。家长
　　　　　　　　　研究结果
的消极态度、压力、专制、忽视等非科学方式使小学生在情绪、认知和人格方面都受到显著
性负向影响。研究认为,为了孩子的健康成长,家长应采取民主、科学的辅导方式,控制情
　　　　　　　　研究价值
绪、真正做到陪伴孩子健康成长。

关键词:家庭作业、指导方式、小学生心理

图 14-4　摘要写作要点举例

3. 引言与文献综述

(1)引言要点在于写明做该研究的原因、必要性与研究价值。

　　你要让读者相信这个研究很有必要，能为读者带来一定的启示或指导作用。这个研究很有价值，为某些人群或某个行业带来足够的改变。所以研究要做真问题，要做身边有困惑的研究。如到底是上课外班成绩好还是不上成绩好？家长或老师都会有困惑，有的学生上辅导班学习好，有的学生不上学习好，如果研究出这个问题，会给广大家长带来指明灯一样的作用（图 14 - 5 是引言或问题提出示范，全文见专题十五）。

　　网络负面评价与教师主观幸福感的关系（一个有调节的中介效应）：

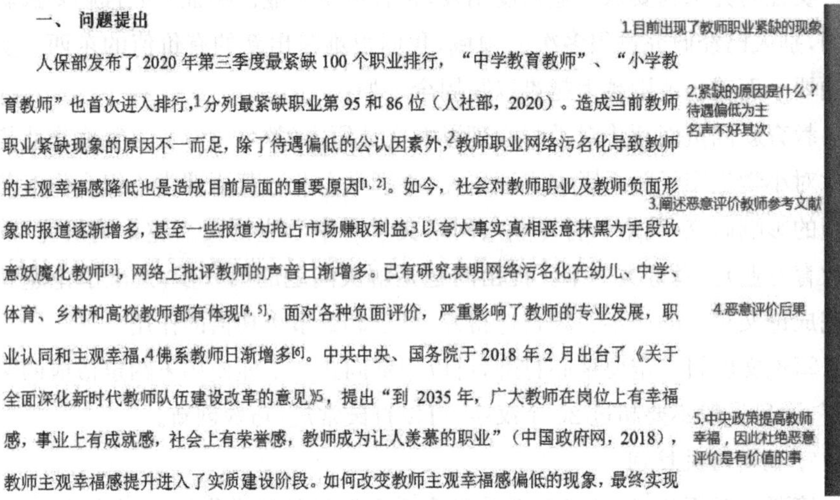

　　一、问题提出

　　人保部发布了 2020 年第三季度最紧缺 100 个职业排行，"中学教育教师"、"小学教育教师"也首次进入排行，[1]分列最紧缺职业第 95 和 86 位（人社部，2020）。造成当前教师职业紧缺现象的原因不一而足，除了待遇偏低的公认因素外，[2]教师职业网络污名化导致教师的主观幸福感降低也是造成目前局面的重要原因[1, 2]。如今，社会对教师职业及教师负面形象的报道逐渐增多，甚至一些报道为抢占市场赚取利益，[3]以夸大事实真相恶意抹黑为手段故意妖魔化教师[3]，网络上批评教师的声音日渐增多。已有研究表明网络污名化在幼儿、中学、体育、乡村和高校教师都有体现[4, 5]，面对各种负面评价，严重影响了教师的专业发展、职业认同和主观幸福，[4]佛系教师日渐增多[6]。中共中央、国务院于 2018 年 2 月出台了《关于全面深化新时代教师队伍建设改革的意见》[5]，提出"到 2035 年，广大教师在岗位上有幸福感，事业上有成就感，社会上有荣誉感，教师成为让人羡慕的职业"（中国政府网，2018）教师主观幸福感提升进入了实质建设阶段。如何改变教师主观幸福感偏低的现象，最终实现

　　1.目前出现了教师职业紧缺的现象

　　2.紧缺的原因是什么？待遇偏低为主名声不好其次

　　3.阐述恶意评价教师参考文献

　　4.恶意评价后果

　　5.中央政策提高教师幸福，因此杜绝恶意评价是有价值的事

图 14 - 5　引言或问题提出示范

（2）文献综述。

　　关于文献综述有好多课程在讲，网上也有很多文章在讲，本专题仅从实证研究逻辑角度介绍结构方程模型类论文文献综述。

　　结构方程模型类论文一般都要有 2—5 个变量，有自变量 X、因变量 Y、中介变量 M、调节变量 W，或者是另一个中介变量 M2（链式或并列中介，前一个中介变量自动变成 M1）。那么文献综述，一要分别定义变量：把自变量 X、因变量 Y、中介变量 M、调节变量 W 进行准确定义；二要把各个变量间的关系也叫路径、前人研究成果、研究局限、研究方法等逐一呈现，即对自变量 X 和因变量 Y 间的关系前人研究了什么？自变量 X 和中介变量 M 间的关系前人研究了什么？因变量 Y 和中介变量 M 间的关系前人研究了什么？调节变量 W 和调节路径的两端变量间的关系前人研究了什么？图 14 - 6 即为文献综述逻辑

结构图。

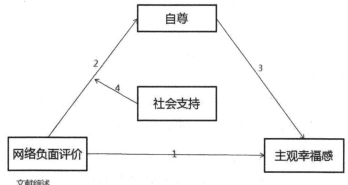

图 14‑6　文献综述逻辑结构图

4. 研究对象与方法

（1）研究对象：采用 SPSS 描述统计，将调查方法、调查地点、发放问卷数目、有效样本、样本年龄、样本人口学构成描述。图 14‑7 为研究对象的论文描述范例。

（一）被试

采用简单随机抽样的方法，随机对牡丹江、天津、哈尔滨三个城市各级教师发放问卷525 份，剔除无效数据（如正反向计分题目相互矛盾、选项都一样）15 份，最终收回有效问卷 510 份（97.14%）。被试男教师 200 人，女教师 310 人；20 岁以下 51 人，20-30 岁 270人，30-40 岁 125 人，40-50 岁 44 人，50 岁以上 20 人；小学教师 179 人，中学教师 170 人，高校教师 161 人。

图 14‑7　研究对象的论文描述范例

（2）研究工具的描述。

问卷调查法的研究工具就是问卷，描述研究工具要记住 10 个关键点：量表名称、作者、年代、问卷题目数量、问卷维度、计分制、问卷计分方式、高低分含义、问卷信效度及本研究信效度。图 14‑8 为研究工具在论文中的表述范例。

4. 主观幸福感量表

采用 Dinner（1985）编制的主观幸福感问卷，该问卷由生活满意度和积极-消极情感两个问卷组成[28]。生活满意度问卷包括 5 个条目。7 点计分，从 1 到 5 分别代表"完全不符合"，"完全符合"，总分越高即生活满意度越高，该问卷的 α 系数为 0.84。积极-消极情感量表，包括 9 个条目，采用 5 点计分，从 1 到 5 分别代表"完全不符合"，"完全符合"。得分越高，说明在情感体验上越积极或者越消极。本研究中积极和消极情感分量表 α 系数分别为 0.89 和 0.83。对生活满意度和积极/消极情感得分进行标准化，然后根据主观幸福感=积极情感+生活满意度−消极情感的公式计算[20]，得分越高，表明主观幸福感水平越高。

图 14‐8　研究工具在论文中的表述范例

5. 结果与分析

（1）共同方法偏差（具体操作请参看专题八）。

面对可能的共同方法偏差，本次调查采用随机反向计分、匿名填写、时间控制等手段，并用 Amos22.0 软件进行测量模型和共同方法模型进行比较。测量模型拟合度指标：$\chi^2/df=2.64$，NFI$=0.95$，IFI$=0.96$，TLI$=0.96$，RMSEA$=0.05$，SRMR$=0.03$。共同方法模型拟合度指标：$\chi^2/df=2.12$，NFI$=0.96$，IFI$=0.97$，TLI$=0.97$，RMSEA$=0.04$，SRMR$=0.03$。两个模型各项拟合度指数变化均未超过 0.02，表明加入共同方法因子后，模型并未得到明显改善，即测量中不存在明显的共同方法偏差。（以上是核心期刊论文标准表述）

（2）描述与相关（具体操作请参看专题八）。

本研究描述性指标及相关结果表明：科研倦怠与工作满意度呈显著负相关（$r=-0.37$，$p<0.01$），与职业韧性（$r=-0.42$，$p<0.01$）呈显著负相关，与组织支持感（$r=-0.41$，$p<0.01$）呈显著负相关；工作满意度与职业韧性显著正相关（$r=0.40$，$p<0.01$），与组织支持感显著正相关（$r=0.38$，$p<0.01$）；职业韧性和组织支持感呈显著正相关（$r=0.32$，$p<0.01$）。因此假设 1—3 得到了初步验证，为后续验证提供了可能。（以上是核心期刊论文标准表述）

（3）检验结果（操作过程参看专题九，结果描述参看专题十五）。

中介效应检验：文字描述中介效应、中介效应表格、中介效应占比表格。

有调节的中介效应检验：文字描述有调节中介效应、表格、斜率图。

（学位论文要加上人口学变量的差异分析）

6. 讨论与建议

(1)研究结果：中介成立？有调节的中介成立？贡献在哪？创新在哪？应用价值？

(2)研究局限：横断样本，样本数量。

四、结构方程模型全文逻辑架构（以调节中介为例）

1. 前言：(X 自变量，Y 因变量，M 中介变量，W 调节变量)

随着现代社会竞争压力的变大，普通家庭承受了更多的压力，X 现象开始较以往增多（文献与数据，描述 X 现象的数据），X 的危害（列举多方面，其中一个危害是 Y）。

什么是 Y？Y 的降低有什么负面影响？以往的研究影响 Y 的因素有什么（其中包含 X 因素）？但 X 与 Y 的关系以及"X'如何（中介）、（何时）'影响 Y"仍需要进一步探讨。近年来，有研究者认为 X 与 Y 的关系可能是多种因素共同作用的结果。从多因素整合的视角看，同时考察行为因素（X）、认知因素（M）及自我调节能力（W）对个体 Y 影响的中介及调节机制。因此，考察 M 在两者关系中的中介作用，有助于揭示"X'如何影响'Y"的认知机制。因此，引入 W 这一调节变量，有助于揭示 X 导致 Y 的认知机制的个体差异。

综上，在某某理论视角下，本研究拟整合自我控制的执行功能理论及 Y 的自我调节失败理论，以对 X 与 Y 的关系及其内在作用机制进行探讨，重点考察 M 在两者关系中的中介作用以及 W 的调节作用。以此回答 X"如何"影响 Y 以及"何时效应更加显著"的问题。这不仅有助于我们深入地理解 X 对 Y 的影响机制，而且对某某具有一定的启示意义。

(1)X 与 Y 的关系。

X 定义与表现：与相近定义的区别。X 容易诱发 Y（文献），理由 1（文献）—2（文献）。Y 的概念模型也指出 X 是导致 Y 的重要因素（文献）。

(2)M 的中介作用。

M 的定义与种类（文献）；影响因素；M 与 X 的关系（文献）；M 与 Y 的关系（文献）。

(3)W 的调节作用。

W 的定义。经常做调节变量的文献。研究认为 W 主要是通过调节个体的认知机制及行为动机过程实现其作用（文献）。首先从认知机制来看（不同水平的 W 的调节作用），其次从行为动机过程来看（不同水平的 W 的调节作用），及其他证据(文献)。

综上,在某某理论视角下,整合某某理论及 Y 的某某理论的基础上,本研究构建了一个有调节的中介模型(见图 1),同时考察 X、M 及 W 与大学生 Y 的关系。具体来说,本研究拟考察 X 预测大学生 Y 的中介(M) 和调节(W)机制,以期为明晰 X 导致大学生 Y 的认知机制及其个体差异,更加具有针对性地引导大学生适当使用 X,避免或减少 Y 提供实证支持和理论指导。

2. 方法

(1)被试。

(2)工具。

某量表:采用作者(年代)编制的某某量表(如果有:英文量表名及缩写);量表条目数量,采用评分制度(4、5 或 7 级);计分方式(相加),得分越高则表明的结果;量表的原信效度;本次测验的信效度。

3. 结果

(1)共同方法偏差。

(2)各变量的平均数、标准差和相关。

(3)有调节的中介检验。

其一,检验中介模型(加入控制变量要有文献支撑)、中介模型结果表、中介效应占比分解表。其二检验有调节的中介、有调节的中介模型表、调节变量不同水平上的调节效应量表、斜率图。

4. 讨论

基于以往研究及某某理论和 Y 的某某理论,本研究在个体—环境交互作用的理论视角下,以 M 为中介变量、W 为调节变量构建了一个有调节的中介模型,不仅明确了 X"如何影响"大学生 Y 的问题(M 的中介作用),而且对 X 在什么条件下对 Y 的影响更显著的问题作出了回应(W 的调节作用)。研究结果对深化 X 与个体心理及行为适应不良的关系研究、引导大学生合理使用 X 为其良好心理社会适应服务具有一定的理论及现实意义。

(1)M 的中介作用。

研究 X 对个体 Y 行为之间关系中的中介作用,不仅有助于从认知加工的视角揭示 X 通过何种因素对个体心理社会适应产生不良影响,而且有助于我们揭示 Y 产生的认知机制。本研究发现,X 能够通过 M 的中介作用预测大学生 Y。该结果支持了以往研究的观点,即 M 作为执行功能的重要组成成分,影响个体对自身思想和行动的有意识控制,M 能力受损是其他因素导致个体心理社会适应不良的近端因素。X 所引起的 M 能力下降,会进一步提升大学生 Y 产生的可能性。

X 是一把"双刃剑",它为大学生人际交往、娱乐、购物带来了诸多便利,但是不恰当地使用 X(如手机成瘾)会导致个体 M、抑郁、Y 等心理及行为适应不良。其中,X 对 M 的消极影响可以从以下两个方面来理解。首先,Y 对个体 M 加工偏向的影响可能是 X 导致 M 能力降低的重要原因。以往研究发现 X 不仅会提高个体对网络相关刺激的选择性注意偏向,而且会提高其对该刺激的 M 偏向。X 的易得性和便利性,增加了个体 M 偏离目标行为、偏向 X 的可能性(文献),这使得 X 更容易降低个体的 M。其次,X 所带来的消极情绪也是导致个体 M 能力下降的关键因素。这使得 X 能够通过多种渠道诱发个体的消极情绪,以往研究表明 X 对个体的消极情绪(如压力)具有正向预测作用,而消极情绪是导致个体 M 下降的重要诱因。M 对 Y 的预测作用也得到了以往文献研究的支持。(文献)因此,X 会通过损害个体的 M 能力,进而导致大学生 Y。

(2)W 的调节作用。

本研究基于 Y 的某某理论构建了一个有调节的中介模型,对 W 在 X 与 M 及 Y 之间关系中的调节作用进行了考察。结果:W 不仅能够在 X 与 Y 的关系中起调节作用(调节直接效应用),而且能够对"X—M—Y"这一中介链条起调节作用(调节中介效应用)。

研究发现与高 W 个体相比,X 更容易对低 W 个体的 M 产生不利影响(调节中介前半段),并导致其 Y。M 更容易对低 W 个体的 Y 产生不利影响(调节中介后半段),该结果表明 W 作为一种自我调节能力,能够在其他变量对个体执行功能(M)的影响中起调节作用。研究发现 W 能够通过调节个体的认知机制对个体心理及行为适应起保护作用(文献)。首先调节个体的认知机制(文献),其次个体心理及行为适应起保护作用(文献)。因此,X 更容易导致低 W 个体 M 能力下降,并产生 Y。(调节中介效应用)

(3)研究的意义与不足。

理论意义;实践意义;不足。

五、常见问题及解析

1. 论文写作要根据要求进行

学位论文需要根据所在学校要求,比如文献格式,有的要求国际统一的 APA 格式,有的要求是国内通用的 GB/T 7714 格式。学术论文要按所投期刊格式要求进行,写作要求上也不尽相同,写作程序上也要因刊制宜。比如自编问卷,有的期刊是先探索性分析,删除不合格的题目,再进行项目分析和验证。当然,更多的是本书所讲解的顺序,即先项目分析,再探索和验证。

2. 一定要注重文献与逻辑

进行实证研究,并不是抛弃思辨研究。实证研究是在思辨的基础上的一种数据验证,还是要以思辨为基础。尤其是在高级别期刊上,更注重文献综述理论阐述。思辨与实证的结合是将来科学研究的大势所趋。

专题十五 调查问卷范文

一、结构方程模型论文范文(有调节的中介)

网络负面评价恐惧对教师主观幸福感的影响

尚元东[1],王泽宇[1],刘思岑[2],卢培杰[1]

(1.牡丹江师范学院 教育科学学院,黑龙江 牡丹江 157011;
2.牡丹江第十六中学,黑龙江 牡丹江 157000)

摘 要:为考察网络负面评价恐惧、自尊、领悟社会支持和主观幸福感之间的关系,从黑龙江、天津和贵州三地随机选取 510 名教师,采用负面评价恐惧量表、自尊量表、领悟社会支持量表和主观幸福感量表进行问卷调查,运用 SPSS 软件进行数据分析。结果表明:网络负面评价恐惧、自尊均显著预测教师主观幸福感,自尊在网络负面评价恐惧和主观幸福感的关系中起到部分中介作用,中介效应占总效应 32.35%,95% 置信区间为 $[-0.17,-0.07]$;社会支持调节了中介前半段,社会支持高时,网络负面评价恐惧与自尊间的负向关系减弱,反之则强。结论:自尊在网络负面评价恐惧和主观幸福感之间起到部分中介作用,且领悟社会支持调节了这一中介机制的前半路径。

关键词:网络负面评价恐惧;教师主观幸福感;自尊;社会支持

DOI:10.13603/j.cnki.51-1621/z.2021.12.003

中图分类号:G641 **文献标志码**:A

文章编号:1671-1785(2021)12-0013-08

教师离职不但影响师资队伍建设,而且损害教育质量水平提升,甚至阻碍教育事业可持续发展[1]。造成当前中小学教师职业紧缺现象的原因,除了待遇偏低的公认因素外,教师职业网络污名化导致教师的主观幸福感降低也是造成目前局面的重要原因[2-3]。如今,社会层面对教师职业及教师负面形象的报道层出不穷,甚至一些报道为抢占市场赚取利益,以夸大事实真相恶意抹黑为手段故意妖魔化教师[4],网络上批评教师的声音日渐增多。已有研究表明网络污名化在幼儿、中小学、体育、乡村和高校教师都有体现[5-6],社会各界的负面评价,严重影响了教师的专业发展,职业认同和主观幸福,佛系教师日渐增多[7]。我国于 2018 年出台了《关于全面深化新时代教师队伍建设改革的意见》[8],提出"到 2035 年,尊师重教蔚然成风,广大教师在岗位上有幸福感、事业上有成就感、社会上有荣誉感,教师成为让人羡慕的职业",教师主观幸福感提升进入了实质建设阶段。如何对教师行业主观幸福感偏低的现象进行改进,最终实现 2035 目标是当前迫切需要解决的难题。

1   文献综述与研究假设

1.1   主观幸福感

主观幸福感是指个体根据自定的要求对其生活质量高低的整体性评估[9]。此概念立足于心理比较理论[10],该理论认为自己目前实际的生活状况与个体所认同的价值观与目标之间的比较,如果个体的现状能够达到或超过个体期待,就会产生主观幸福感。我国教师主观幸福感研究源起于叶澜[11]。以往对教师幸福感的研究多集中于职业幸福感和主观幸福感,在知网以"教师幸福感"为关键词,共检索出文献 2556 篇,其中"职业幸福感"761 篇、"教师职业幸福感"531 篇,"主观幸福感"412 篇,其余的文献多集中于各级各类教师身份。对教师行业幸福感的影响因素和运行机制进行深入的探讨,有利于提升教师幸福感水平,进而提高教师队伍的质量。教师的主观幸福感非常脆弱[12],社会、家长都可以对教师的职业生活进行评价,导致教师成为"众目睽睽"下的工作,教师的责任被无限放大,将教师置于谁都可以批评的尴尬位置。过高的社会要求和较低的社会地位成为影响教师主观幸福感的重要的消极因素。

1.2   负面评价恐惧

负面评价恐惧(fear of negative evaluation)指个体在社会情境中对他人给予的可能、潜在的负面评价的一种恐惧,反映了个体对他人负面评价的担忧、困扰和期望[13]。网络负面评价恐惧又可以被解释为个体在网络情境中对他人给予的潜在、可能的负面评价的一种恐惧[14]。近年来网络评价日渐增多,网民们常常在上网阅读一些新闻时,留下自身的观点和看法,这种新的评价方式突破了互联网时代到来前,人们通过口头传播去评价事物的传统方式。随着我国互联网的飞速扩展,人们能够更加方便及时地通过网络 APP 了解到各种信息,但一些网络 APP 的负面新闻及评论会对某一群体产生负面的影响[15]。我国教师的污名化现象久存不绝,近来甚至呈现蔓延之势,造成教师群体身份受损,使教师这一高尚的形象面临着危机和挑战。一些媒体和网站在经济利益的驱使下,为了博得大众的眼球,对教师的负面新闻进行夸张性、虚假性的报道,甚至给所有的教师群体都贴上了一些负面的标签。与此同时一些网络喷子也利用微信、微博、今日头条等社交媒体对教师进行恶意的攻击和不良言论的诽谤,并将教师的污点不断地渲染放大[16]。网络是一个虚拟、开放的平台,人们对于呈现在网络平台上的自我以及他人的反馈都异常敏感,当个体在受到表扬和赞赏时会提升幸福感,但是当个体尤其是教师群体受到恶意的抨击和不良言论的侵扰时,主观幸福感会受到负面评价的消极影响[17]。

1.3　负面评价恐惧与主观幸福感的关系

负面评价恐惧与个体主观幸福感是紧密联系的。根据个体自我认定理论的研究发现,假设心理需求得到满足,则为个体带来幸福感。相反,对负面评价恐惧的消极情绪程度较高的个体会更容易受到消极影响。幸福感低的个体会感到更多的苦恼和焦虑。有研究提出,个体的某些情绪反应可归结于教师与学生之间的负面评价恐惧,而负面评价恐惧使个体更容易感到愤怒和悲伤[18]。同时,负面评价恐惧也加强了个体产生社会焦虑的消极情绪。因此,负面评价恐惧对教师的个体情绪具有一定影响。基于这一理论,当教师受到网络的负面评价恐惧时,就会产生对工作生活担心和苦恼的情绪,长此以往就会影响教师的主观幸福感[19]。同时,网络负面评价恐惧,会使教师产生一定程度的社交焦虑问题,致使教师在授课和言论方面受到很大的限制,瞻前顾后,不能明确地表达自己的想法,很大程度上压制了教师的情感,长此以往,从一定程度上导致教师幸福感出现下降趋势。因此,本研究假设:网络负面评价的恐惧与教师的主观幸福感有负向的预测关系。

1.4　自尊的中介作用

自尊,即自我尊重,指不向他人卑躬屈膝、低三下四,不容许他人进行歧视侮辱的积极心理品质[20]。马斯洛将人的基本需要分成了7种,自尊需要排在第4,是教师群体的高级需要。对个体的否定负面评价会显著影响其自尊[21-22],这种负向预测在初中生、医学生、大学生的特殊人士[23]等多个领域得到了验证。我国自古尊师重教,教师行业备受瞩目,被比作太阳底下最光辉的事业。网络负面评价恐惧是对教师职业的歧视侮辱,如果教师的辛勤付出换来的是网络上大量的负面评价和不理解,教师就会在潜移默化中改变自己的行为,增加消极情绪进而降低自尊[24]。自尊与个体的主观幸福感紧密相关,以往的研究认为二者是正相关关系[25]。李永雪等[26]构建了条件过程模型,得到了自尊与生命意义感在同伴关系对中学生心理幸福感影响中起链式中介作用,张菲倚等[27]认为体育锻炼既能直接提高大学生主观幸福感，又能通过改善人际关系困扰和自尊进而间接提高其主观幸福感。综上，负面否定评价显著影响个体自尊，自尊又显著预测其主观幸福感，因此本研究假设自尊在网络负面评价恐惧和教师主观幸福感之间起部分中介作用。

1.5 社会支持的调节作用

社会支持是指由不同程度、不同层次所构建的繁杂的人际关系状态[28]。社会支持在以往的研究中主要用于中介和调节两类变量，研究考虑到网络负面评价更倾向于外部支持因素，因此在模型构建过程中，将其放在调节变量的位置。郭成等[29]认为随着领悟社会支持水平的提高，低自主对教师心理健康的影响逐渐减弱；胡艳华等[30]认为领悟社会支持可降低由于采用表层加工策略所产生的负面影响，可见社会支持作为调节变量时，可显著加强或减弱负面影响与个体心理健康间的关系。当教师受到来自网络、他人的诋毁等负面评价时，家人的关心、朋友的支持、同事的帮助有助于缓解负面情绪。但是得不到支持、关心和帮助的教师在受到负面评价时，就会伤害到自尊心，进而削弱幸福感。有研究指出，社会支持与个体的积极情绪具有明显的正相关。社会支持的压力缓冲理论也能够支撑解释社会支持的作用[31]，即社会支持的增加可以减少个体对于负面评价的不良情绪。同时，社会支持与个体自尊之间具有密切相关。个体获得的社会支持能够减轻人们的压力体验，在此背景下，个体的心态较为积极，能够保持一颗平常心。由此可以推论出良好的社会支持对于个体受到负面评价恐惧的负面情绪具有一定的缓解作用。

1.6 研究假设

综上，本研究的目的是探讨网络负面评价恐惧如何（中介变量—自尊）影响主观幸福感以及何时（调节变量—社会支持）影响主观幸福感，据此提出三个研究假设：①网络负面评价恐惧与教师主观幸福感存在显著的负相关；②自尊在网络负面评价恐惧与教师主观幸福感间起部分中介作用；③社会支持调节中介效应前半段。基于上述假设，构建了一个有调节的中介模型（见图1）。

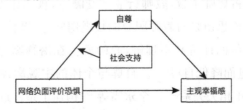

图1 自尊的中介作用及社会支持的调节作用模型

2　研究过程

2.1　被试

采用简单随机抽样的方法,随机对黑龙江、天津和贵州三个城市各级各类教师发放问卷 525 份,剔除无效数据(如正反向计分题目相互矛盾、选项都一样)15 份,最终收回有效问卷 510 份(97.14%)。其中,男教师有 200 人,女教师有 310 人;20 岁以下有 51 人,20—30 岁有 270 人,30—40 岁有 125 人,40—50 岁有 44 人,50 岁以上有 20 人;小学教师有 179 人,中学教师有 170 人,高校教师有 161 人。

2.2　研究工具

2.2.1　网络负面评价恐惧量表

采用简明负面评价恐惧量表(brief fear of neg-ative evaluation scale,BFNES)[32]。Rodebaugh 等[33]发现 8 个正向计分题比 4 个反向题更能有效预测负面评价恐惧。于是选择原量表 8 道正向计分条目,将量表条目的表述由日常生活情境修改成网络情境的表述,如"即使我知道网络上别人对我印象不好,我也不在意"。采取 Liket 5 级计分,1 到 5 分别代表"完全不相符"到"完全相符"。相加为对网络负面评价恐惧的总分。问卷试测选取 100 位高校教师,回收有效问卷 95 份,网络负面评价恐惧问卷内部一致性系数为 0.87。正式测验中,该问卷的内部一致性系数为 0.89,使用 AMOS 对修订后的问卷进行验证,拟合度指标为 $\chi^2/df=1.71$,RMSEA=0.06、GFI=0.92、IFI=0.89、TLI=0.91、CFI=0.95,结果表明修订后的网络负面评价恐惧量表结构效度比较理想。

2.2.2　自尊量表

采用韩向前等[34]修改的自尊量表(self-esteem scale,SES)该量表包括 10 个条目,用来测量个体整体自尊水平。问卷采用李克特 5 点计分,从 1 到 5 分别代表"完全不符合"到"完全符合",得分越高,代表个体的自尊水平越高。本次研究中该量表的内部一致性系数为 0.75。

2.2.3　领悟社会支持量表

采用姜乾金[35]编制领悟社会支持问卷,问卷分三个维度,分别是家庭支持、朋友支持、其他支持,含 12 个项目,采用 1~7 计分,分数越高得到的社会支持就越高。在本测量中的领悟社会支持问卷信度为 0.78。

2.2.4　主观幸福感量表

采用邢占军[36]编制的主观幸福感问卷,该问卷由生活满意度和积极—消极情感两个问卷组成。生活满意度问卷包括 5 个条目。5 点计分，从 1 到 5 分别代表"完全不符合""完全符合"，总分越高即生活满意度越高，该问卷的 α 系数为 0.84。积极—消极情感量表，包括 9 个条目，采用 5 点计分，从 1 到 5 分别代表"完全不符合""完全符合"。得分越高，说明在情感体验上越积极或者越消极。本研究中积极和消极情感分量表 α 系数分别为 0.89 和 0.83。对生活满意度和积极/消极情感得分进行标准化，然后根据主观幸福感＝积极情感＋生活满意度—消极情感的公式计算[19]，得分越高，表示个体主观幸福感水平越高。

2.3 统计方法

采用 SPSS 22.0 和 AMOS 22.0 进行数据录入和处理，并进行相关分析、回归分析以及调节效应和中介效应检验。

3 结果与分析

3.1 共同方法偏差

采用 AMOS 22.0 进行加入共同方法因子的共同方法偏差分析。测量模型的各项拟合指数 CMIN/DF＝2.141，RMSEA＝0.047，GFI＝0.933，NFI＝0.944，RFI＝0.936，IFI＝0.970，TLI＝0.965，CFI＝0.969。共同方法模型拟合度指数 CMIN/DF＝2.143，RMSEA＝0.047，GFI＝0.939，NFI＝0.951，RFI＝0.936，IFI＝0.973，TLI＝0.965，CFI＝0.973。两个模型各项指标拟合指数变化均未超过 0.01，表明加入共同方法因子后，模型并未得到明显改善，即测量中不存在明显的共同方法偏差[37]。

3.2 各变量的描述性统计及其相关分析

本研究描述性指标及其相关结果表明（见表 1）：负面评价与自尊、主观幸福感呈显著负相关（$P < 0.001$），自尊与主观幸福感呈正相关（$P < 0.001$）。相关分析的结果为接下来的中介与调节检验提供了初步依据。

表 1 描述统计与相关分析结果

变量	M	SD	负面评价	自尊	社会支持	幸福感
网络负面评价恐惧	4.28	1.07	1			
自尊	2.99	1.11	−0.237 ***	1		
社会支持	4.46	0.95	0.299 ***	0.147 **	1	
主观幸福感	2.58	0.79	−0.351 ***	0.543 ***	0.106 *	1

注：* $P < 0.05$，** $P < 0.01$，*** $P < 0.001$，下同。

3.3　网络负面评价恐惧与教师主观幸福感的关系：有调节的中介模型检验

相关分析的结果表明（见表 1），网络负面评价恐惧、自尊、社会支持和教师幸福感之间的关系满足有调节的中介模型的条件。本研究采用 process 插件中的模型 4[38]，以往研究发现，年龄、性别、学校类别[19]是影响网络负面评价恐惧与教师主观幸福感的关键因素，在控制年龄、性别、学校类别的情况下对自尊在网络负面评价恐惧与教师主观幸福感之间关系的中介效应进行检验。结果表明（见表 2），网络负面评价恐惧对教师主观幸福感具有显著负向预测作用（$\beta = -0.35, t = -8.43, P < 0.001$）。放入自尊变量后，网络负面评价恐惧对主观幸福感的直接预测作用依然显著（$\beta = -0.24, t = -6.37, P < 0.001$）。网络负面评价恐惧对自尊具有显著的负向预测作用（$\beta = -0.24, t = -5.48, P < 0.001$）。网络负面评价恐惧对教师主观幸福感的直接效应及自尊的中介效应的 Bootstrap 95% 置信区间的上下限均不包括 0（见表 3），表明网络负面评价恐惧不仅能直接预测教师的主观幸福感，而且能通过自尊的中介作用预测主观幸福感。该直接效应（-0.24）和自尊的中介效应（-0.11）分别占总效应（-0.35）的 67.65% 和 32.35%。

表 2　负面评价与主观幸福感关系中介模型结果

回归方程（$n=510$）		系数显著性		拟合指标		
结果变量	预测变量	β	t	R	2	$F(df)$
主观幸福感	性别	0.24	2.74	0.37	0.14	20.11(4)
	年龄	0.04	0.81			
	学校类别	0.04	1.10			
	负面评价	-0.35	-8.43 ***			
自　尊	性别	0.25	2.78 **	0.27	0.07	9.95(4)
	年龄	0.07	1.37			
	学校类别	-0.02	-0.59			
	负面评价	-0.24	-5.48 ***			
主观幸福感	性别	0.12	1.55	0.59	0.35	55.05(5)
	年龄	0.01	-0.04			
	学校类别	0.05	1.61			
	自尊	0.48	12.97 ***			
	负面评价	-0.24	-6.37 ***			

注：模型各变量均采用标准化 Z 分数代入回归方程，下同。

表 3　总效应、直接效应及中介效应相关分析

效应	效应值	标准误	效应下限	效应上限	相对效应值/%
总效应	−0.35	0.04	−0.43	−0.27	
直接效应	−0.24	0.04	−0.31	−0.16	67.65
中介效应	−0.11	0.03	−0.17	−0.07	32.35

注：采用 Bootstrap 方法抽样 5000 次，上下限 95% 置信区间。

其次，采用 process 插件中的模型 7（模型 7 假设中介模型的前半段受到调节与本研究的理论模型一致）[39]，在控制性别、年龄和学校类别的情况下对有调节的中介模型进行检验。结果表明（见表 4），将调节变量社会支持放入模型后，社会支持与网络负面评价恐惧的乘积对教师自尊（$\beta = -0.08, t = -2.48, P < 0.05$）预测作用显著，说明社会支持在网络负面评价恐惧—自尊—教师主观幸福感的中介效应中也能够起到预测作用。通过以上数据可得出假设结构方程模型成立（见图 2），结果表明：①网络负面评价恐惧与教师主观幸福感存在显著的负相关；②自尊在网络负面评价恐惧与教师主观幸福感间起部分中介作用；③社会支持调节中介效应前半段。

表 4　有调节的中介效应模型

回归方程（$n = 510$）		系数显著性		拟合指标		
结果变量	预测变量	β	t	R	R^2	$F(df)$
	性别	0.15	1.65			
	年龄	0.01	0.13			
	学校类别	−0.04	−0.99			
自尊	负面评价	−0.31	−7.04 ***	0.36	0.13	12.60(6)
	社会支持	0.19	4.00 **			
	负面评价 * 社会支持	−0.08	−2.48 *			

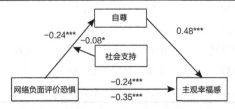

图 2　网络负面评价恐惧与教师主观幸福感模型结果

4　讨论与建议

基于以往研究和社会比较理论,本研究以自尊为中介变量、社会支持为调节变量构建了一个有调节的中介模型,不仅明确了网络负面评价恐惧"如何影响"教师主观幸福感的问题(自尊的中介作用),而且对网络负面评价恐惧在什么条件下对教师主观幸福感的影响理念显著的问题做出了回应(社会支持的调节作用)[40]。研究结果对深化网络负面评价恐惧与教师主观幸福感的关系研究、引导公众理性评论为和谐社会做贡献具有一定的理论和现实意义。

4.1　自尊对网络负面评价恐惧与主观幸福感的中介作用

自尊是重要的动机成分[41],探讨自尊在网络负面评价恐惧与教师主观幸福感间起部分中介作用,不仅有助于从认知加工角度揭示网络负面评价恐惧通过何种因素对个体的主观幸福产生不良影响,且有助于我们揭示主观幸福感变化的认知机制。本研究显示,网络负面评价恐惧能够通过自尊的中介作用预测教师的主观幸福感,该结果支持了以往研究的观点[25]。即自尊作为动机成分的重要组成部分,影响个体对主观幸福感的控制。网络负面评价恐惧的增多,会使教师对自己的职业前景产生焦虑、担心等负面情绪,会大大降低教师在今后工作中的从教信心,使教师群体自尊受损。由于自尊心的降低,网络负面评价恐惧过多,教师感受到的幸福感就会越少[42]。因此教师应提高自尊心以提高对网上负面评价的容忍度。自尊作为中介变量,提示广大教师群体,高自尊群体受到网络负面评价恐惧对主观幸福感的影响要远小于低自尊群体,因此教师要从自身做起,增强自身修养,提高自身素质,培养良好健康的心理状态。

本研究结果显示,网络负面评价恐惧与教师幸福感呈显著性负相关,一方面启示教师自身做得还不够好,个别教师师德失范行为确实给教师群体抹黑;另一方面也证明网民容易被调动,做键盘侠客,肆意发表不负责任的评论[43],以偏概全,对教师群体造成了伤害。因此应当从内外多种角度去解决问题,内要强自身,紧抓师德,为公众树立良好教师形象;另外要加强对网络评论的管控,对网络媒体进行审核与监督。

4.2　社会支持对网络负面评价恐惧与自尊的调节作用

本研究积极心理学中积极社会环境理论构建了一个有调节的中介模型,对社会支持在与自尊及教师主观幸福感之间关系中的调节作用进行了考察。结果发现社会支持能够对"网络负面评价恐惧—自尊—主观幸福感"这一中介链条起调节作用。

具体表现为：负面评价多，教师个体获得的社会支持较高，则自尊心的变化不大。即个体得到较高社会支持的，能够对其各方面的发展产生积极作用，这与以往研究结果一致[44]。而如果个体所得到的社会支持较低，会对教师的心理以及情绪产生负面的影响。通过研究得出，当负面评价恐惧较多时，教师只能得到较少的社会支持，进而使教师的自尊受到严重的影响。随着社会支持水平的提高，可以有效地缓解教师在工作、生活中带来的负面影响[29]。高社会支持对缓解网络负面评价恐惧所带来的负面影响，避免主观幸福感的降低有积极意义。高社会支持的个体具有更高的情绪控制能力和积极的心理健康[45]。

4.3　建议与启示

本研究通过多方面的探讨，具体可以得到以下几个方面的启示：第一，网络平台应加强文明评论的规定，加大不文明评论的整治力度。从而尽可能减少关于教师的负面评价。网络并不是法外之地，如果个别网民一味地攻击和诋毁教师，则应对这类网民进行一定的管制，从而营造出一个文明的网络环境，提高教师的主观幸福感。第二，教师应及时调整个人心态，保持一颗自尊心。教师应锻炼自身在应对突发情况下的教学机制，同时加强其积极调解自身心态的能力，保持一颗自尊心，从而在一定程度上提高个体幸福感。第三，积极关注教师的社会支持状况。社会支持主要表现在教师的家人、朋友以及同事等方面。如果他们能够及时地在教师遭受到负面评价恐惧时帮助其调整心态，则能够从一定程度上提高教师的主观幸福感。综上所述，鉴于网络负面评价恐惧与教师幸福感之间的相关性，可以从管控网络评价、教师保持自尊心态以及积极关注教师社会支持状况这三个方面着手，帮助教师提高其个体幸福感，从而更好地保证其教学质量的提高和教学任务的推进。

5　结论

网络负面评价恐惧对教师主观幸福感有负向影响。自尊在网络负面评价恐惧和主观幸福感的关系中起到部分中介作用。社会支持调节了网络负面评价恐惧通过自尊对主观幸福感的间接影响，社会支持高时，网络负面评价恐惧与自尊间的负向关系减弱，社会支持低，则网络负面评价恐惧与自尊间的负向关系增强。

参考文献

[1] 黄旭,王钢,王德林.幼儿教师组织支持和职业压力对离职意向的影响:职业倦怠的中介

作用[J].心理与行为研究,2017,15(4):528-535.

[2] 张淑静.协同治理理论视角下中学教师网络媒体形象去"污名化"的研究[D].南宁:广西大学,2019.

[3] 王亚.从《老师·好》透视新时代教师形象的公众污名与教育救赎[J].昭通学院学报,2019,41(5):64-67.

[4] 暴圆.媒体负面报道对教师道德形象的影响研究[D].石家庄:河北师范大学,2018.

[5] 车文路.高中教师污名化现象分析[J].中国校外教育,2020(22):33.

[6] 崔岐恩,张晓霞.网络媒体与教师污名化现象解析[J].传媒观察,2010,11(8):19-21.

[7] 陶欣龙.网络新闻中高校教师媒介形象的污名化研究[D].湘潭:湘潭大学,2013.

[8] 新华社.中共中央　国务院关于全面深化新时代教师队伍建设改革的意见[EB/OL].(2018-01-31)[2021-02-16].http://www.gov.cn/zhengce/2018-01/31/content.5262659.htm.

[9] DIENER E, LARSEN R J, LEVINE S, et al. Intensity and frequency:dimensions underlying positive and negative affect [J]. Journal of personality and social psychology,1985,48(5):20-21.

[10] MARSH H W,PARKER P D,GUO J,et al. Psychological comparison processes and self-concept in relation to five distinct frame-of-reference effects:pan-human cross-cul tural generalizability over 68 countries[J]. European Journal of Personality,2020,34(2):56-62.

[11] 叶澜.论影响人发展的诸因素及其与发展主体的动态关系[J].中国社会科学,1986(3):83-98.

[12] 毕慧.上海市初中教师幸福感现状研究[D].上海:上海师范大学,2020.

[13] 叶舒.大学生负面评价恐惧与自尊、自我意识的关系研究[D].成都:四川师范大学,2012.

[14] 尚元东,毛欣,王雪.教育新闻负面评价对教师心理影响调查研究[J].未来与发展,2019,43(11):46-50.

[15] 侯彦斌,杨斌芳.教师信任危机的网络"泛污名"机制及应对策略[J].社会科学论坛,2017,23(2):204-211.

[16] 袁浩.莫因负面个案污名化教师队伍[J].甘肃教育,2014,11(16):19.

[17] 毛欣,田慧颖,王雪,等.教育评价对教师心理影响调查[J].区域治理,2019,(51):67-69.

[18] 潘朝霞,张大均,潘艳谷,等.初中生自尊和评价恐惧在心理素质与社交焦虑中的中介作用[J].中国心理卫生杂志,2018(8):42-43.

[19] 洪佳真.立德树人视阈下教师形象与网络污名现象研究[D].福州:福建师范大学,2018.

[20] 陈艳,李纯,沐小琳,等.主观幸福感对手机依赖的影响:自主支持和自尊的链式中介作

用[J].中国特殊教育,2019(5):91-96.

[21] 王红彬.惧怕否定评价在手机依赖与自尊间的中介效应:对女大学生手机依赖的探讨
[J].广东青年职业学院学报,2019,33(2):35-38.

[22] 王璐.初中生负向评价恐惧在自尊与考试焦虑间的中介作用[D].呼和浩特:内蒙古师
范大学,2019.

[23] 吴桐,杨柠溪,蔡丽,等.自悯对社交焦虑的影响:自尊和评价恐惧的中介作用[J].中国
临床心理学杂志,2021,29(1):169-172.

[24] 李雨珂,姚志强.大学生负面评价恐惧对社交焦虑的影响:自我概念清晰性的调节作用
[J].健康研究,2020,40(3):288-292.

[25] 郭春涵.大学生自我中心与主观幸福感的关系:自尊的中介作用[J].心理与行为研究,
2019,17(4):546-552.

[26] 李永雪,张艳红,朱小梦,等.同伴接纳与心理幸福感的关系:自尊与生命意义感的链式
中介作用[J].成都师范学院学报,2020,36(12):63-70.

[27] 张菲倚,蒋利娇,许克松.体育锻炼对大学生主观幸福感的影响:人际关系困扰和自尊
的中介作用[J].心理技术与应用,2021,9(2):77-87.

[28] 樊小阔,刘程,王刚,等.留守儿童的社会支持与自尊水平比较分析[J].科教文汇(下旬
刊),2020,11(5):156-158.

[29] 郭成,杨玉洁,李振兴,等.教师自主对教师心理健康的影响:领悟社会支持的调节作用
[J].西南大学学报(自然科学版),2017,39(6):141-147.

[30] 胡艳华,曹雪梅.小学教师情绪劳动与心理健康的关系:领悟社会支持的调节作用[J].
内蒙古师范大学学报(教育科学版),2013,26(12):56-59.

[31] TANAKA H,IKEGAMI T. Social exclusion and disengagement of covert attention
from social signs: the moderating role of fear of negative evaluation[J]. Japanese
Psychological Research,2019,61(2):45-49.

[32] LEARY M R. A brief version of the fear of negative evaluation scale[J]. Personality
and Social Psychology Bulletin,1983,9(3):68-72.

[33] RODEBAUGH T L,WOODS C M,THISSEN D M,et al. More information from fewer
questions: the factor structure and item properties of the original and brief fear of
negative evaluation scale[J]. Psychological Assessment,2004,16(2):231-234.

[34] 韩向前,江波,汤家彦,等.自尊量表使用过程中的问题及建议[J].中国行为医学科学,
2005,14(8):763.

[35] 姜乾金."应对"研究近况[J].中国临床医生,1999(11):16-18.

[36] 邢占军.中国城市居民主观幸福感量表简本的编制[J].中国行为医学科学,2003,12
(6):103-105.

[37] 叶为锋,卢家楣,刘啸莳,等.大学生目标内容与主观幸福的关系:一个有调节的中介

模型[J].心理科学,2019,42(2):379－386.

[38] 张琪,张雅文,吴任钢,等.大学生自我接纳与自尊的关系:自我效能与领悟社会支持的
双重中介[J].中国健康心理学杂志,2019,27(12):1879－1884.

[39] 李哲,张敏强,黄菲菲,等.家校合作对青少年学业成绩的影响:一个有调节的中介模型
[J].心理科学,2019,42(5):1091－1097.

[40] 李志勇,董文,吴明证.人格与主观幸福感的关系:社会支持与自我和谐的中介作用[J].
内江师范学院学报,2010,25(8):77－80.

[41] 罗光彩.初中生自尊、评价恐惧与考试焦虑的关系研究[D].贵阳:贵州师范大学,2019.

[42] 罗利,钟娟.情绪调节对大学生自尊与主观幸福感的中介作用[J].内江师范学院学报,
2015,30(8):46－50.

[43] 胡云聪,李容香.警惕和防范幼儿教师的身份污名化:基于对云、贵、川三省部分地区田野
调查的分析与思考[J].遵义师范学院学报,2018,20(3):101－105.

[44] 李鹏姬,马海林.藏族大学生社会支持与主观幸福感的关系:自尊的中介作用[J].心理
月刊,2020,15(4):34－35.

[45] 李涛,陈晨,左薇.社区暴力接触对初中生抑郁的影响:社会支持的调节作用[J].中国特
殊教育,2018(7):79－84.

The Influence of Online Negative Evaluation Fear on Teachers' Subjective Well-being

SHANG Yuandong[1], WANG Zeyu[1], LIU Sicen[2], LU Peijie[1]

(1. School of Educational Sciences, Mudanjiang Normal University,
Mudanjiang, Heilongjiang 157011, China;

2. Mudanjiang No.16 Middle school, Mudanjiang, Heilongjiang 157000, China)

Abstract: In order to examine the relationship between online negative evaluation fear, self-esteem, perceived social sup-port and subjective well-being, 510teachers randomly selected fromHeilongjiang, Tianjin and Guizhou were subjected to a questionnaire survey by use of the negative evaluation fear scale, self-esteem scale, and perceived social support scale and the SPSS software was then used for data analysis. The results showed that: both online negative evaluation fear and self-esteem significantly predict teachers'subjective well-being. Self-esteem plays a partial mediating role in the relationship between online negative evaluation fear and subjective well-being with the mediating effect accounting for 32.35% of the total effect, and the 95% confidence interval is $[-0.17, -0.07]$; Social support moderates the first half of the mediation. When the social support is high, the negative relationship between online negative evaluation fear and self-esteem weakens, and vice versa. Conclusion: Self-esteem plays a partially mediating role between the fear of negative online evaluation and subjective well-being, and the so- cial support understanding regulates the first half of this mediating mechanism.

Keywords: Negative online evaluation fear; teacher's subjective well-being; self-esteem; social support

（责任编辑：龚小兵）

二、自编问卷范文

大学生地域歧视现象态度量表的编制及信效度检验[①]

尚元东[1]，卢培杰[1]，董亲子[1]，杨　春[2]

（1.牡丹江师范学院教育科学学院，牡丹江 157012；
2.天津师范大学心理学院，天津 300387）

摘　要：地域歧视现象的存在是违背和谐社会理念的，人们对此现象是什么态度？研究以费施贝因和阿扎吉提出的理性行为模型理论为基础，选取网络上最活跃的大学生为样本，编制了大学生地域歧视现象态度量表，构建了对地域歧视现象态度、对地域歧视者态度和对被歧视者态度 3 个维度。通过整理访谈资料、参考相关量表、专家讨论等方法编制条目。选取 358 名被试进行预测试，617 名被试正式测试。研究结果表明，大学生地域歧视现象态度量表建构的 3 个维度结构合理，量表的项目分析、探索性分析和验证性分析符合心理测量学要求，是测量中国大学生地域歧视现象态度的有效工具。

关键词：地域歧视现象；态度；信效度；大学生

中图分类号：B841.2　　文献标识码：A

文章编号：1003 - 5184（2021）05 - 0474 - 70

---

① 本篇参考文献采用 APA 格式。

1　引言

　　构建社会主义和谐社会,是我们党从中国特色社会主义事业总体布局和全面建成小康社会全局出发提出的重大战略任务,反映了建设社会主义现代化国家的内在要求,体现了全党全国各族人民的共同愿望。和谐社会倡导的是公平、民主、正义的理念。但当下我国网络上的地域之争愈演愈烈,前有"河南人偷井盖"的谣言,后有"投资不过山海关"的流传,特定地域被标签化,特定人群被妖魔化,意见表达极端化(李依然,2019;张爱玲,逯杉楠,2018)。地域歧视有悖于构建和谐社会的发展理念,不利于人权的保护和社会的安定团结。受地域歧视现象影响,有些地域的年轻人会在应聘时被故意刁难,会在恋爱时被对方家长反对,甚至连求租房屋都变得非常困难,这些会严重影响其生存与发展(殷一榕,2017)。地域歧视不仅不利于平等、友爱、和谐人际关系的构建,而且容易引发社会矛盾,造成社会分化现象。大学生入学后会接触到来自祖国各地的同学,不同地区经济发展、文化习俗、生活习惯的差异,极容易引发在学习、生活中密切接触的同学间产生冲突和矛盾,进而上升至地域歧视。而大学生是国家发展的中坚力量,他们的价值观念直接反映了一个国家的精神状态,会影响国家的核心竞争力及未来的发展。因此,了解大学生对地域歧视现象的态度,引导大学生理性客观看待地域差别具有重要意义。

　　地域歧视(Regional Discrimination)尚未有统一定义,有学者认为地域歧视是指社会上的某一群体或者社会成员所共有的针对某一弱势群体或某一地域的社会群体的不公平、否定性和排斥性的社会行为或制度安排(黄国萍,姚本先,2006)。还有学者从户籍的角度对地域歧视进行了定义,认为地域歧视是因户籍不同而造成的区别对待,户籍是地域歧视的制度性根源(陈科汝,2014)。这两个定义过分强调弱势群体和户籍所在地,都有其局限性。目前比较公认的概念认为地域歧视是基于地域差异而形成的一种"区别对待",是由地域文化、经济发展程度、人类心理活动等因素引发的一种刻板、片面的观念和错误倾向(张敏,韩立梅,2009)。此定义有三个关键点:地域歧视包含户籍歧视而不限于户籍歧视;地域歧视的产生既有经济、文化、历史等方面的原因,也有其特殊的社会心理基础。地域歧视是对某一地域群体刻板印象的体现,是从众心理和集体无意识的结果。

　　地域歧视是在全世界普遍存在的社会心理现象(Cho,Jang,Ko,Lee,&Moon,2020)。我国的地域歧视现象在求学、求职、婚恋、企业招商、公司信贷等多个领域都有体现。在媒体和网络上地域歧视现象更是随处可见（曾庆江，2014；沈毅玲，2017；徐顽强，孙丹，2014）。地域歧视现象对被歧视地区人的心理健康，对国家和社会的安定团结、有序发展都会产生一定程度的影响（Berghuis，Pössel，& Pittard，2020）。遗憾的是，高校也不是地域歧视的"隔离区"，地域歧视现象在高校也并不少见（王婷婷，2016）。偏远落后地区或某些被标签化地区的大学生在寝室被排斥、被孤立；在竞选、评优时遭到不公平对待的现象屡见不鲜。大学生的年龄多在 18～25 岁之间，是埃里克森人格发展阶段理论中的成年早期，这一阶段的主要冲突是亲密对孤独，主要发展任务是发展亲密感，避免孤独感，发展障碍会表现为与社会的疏离。刚刚进入大学的学生心智、信念、态度尚未完全成熟，自我意识不够稳定，在遭受到挫折和失败时，容易出现怯懦自卑、悲观丧气的负面情绪（徐帅，2015）。一件极小的事情，可能会激起强烈的应激反应。一些心智尚不成熟的大学生会受"破窗效应"的影响，对偏远落后地区或某些被标签化地区的大学生产生"群起而攻之"的嘲讽及攻击行为（卢山，2018）。受从众心理的影响，地域歧视现象可能会在高校蔓延，对同学之间的团结感、集体感以及个体的身心和谐发展都产生负面影响（殷一榕，2017）。所以测查大学生的对地域歧视现象的态度具有重要意义。

　　关于歧视的研究多采用实验法、分析法和量表法（Jun & Bei，2017）。其中实验法常在种族歧视研究中使用，如统计实验追踪方法（帕特里克·西蒙，朱世达，王冬帆，2006），但这种纵向研究的方法成本很高，不适合普通学者采用。量表法也是比较常见的研究方法，Brief 采用 MRS（现代种族歧视量表）对被试的种族偏见进行评估（Hearne，Talbert，& Hope，2020）；Ziegert 等人使用"针对黑人态度量表"进行种族歧视的测量（姚鹤，段锦云，冯成志，2010）。目前我国学者使用较多的是"感知歧视量表"（申继亮，胡心怡，刘霞，2009）侧重报告被试的自我感知歧视。但自我感知歧视不能完整反应个体对地域歧视现象的态度，态度是社会心理学中的重要概念，是指个体对特定社会客体所持有的具有一定结构和比较稳定的心理倾向，包含认知、情感和行为三种心理成分，这三种成分非常复杂，难以测量。本量表借鉴费施贝因和阿扎吉于 1975 年提出的理性行为模型理论（Icek & Martin，1975），该理论把态度看作是决定行为的核心因素，用很少的变量就可以解释各种行为，态度测量越具体，对行为的预测就越准确，所以测量大学生对地域歧视现象的态度可以从大学生对地域歧视者的态度、对被歧视者的态度和对地域歧视现象的态度三个维度编制量表。态度的调查量表有多种形式，本量表先后采用了三种形式的题项，首先采用经典李克特 5 级计分法编制谚语形式的量表,如你怎样看待"穷山恶水出刁民"、"投资不过山海关"等与地域歧视有关的谚语题项,但在与文学院专家分析讨论后,考虑到容易涉及歧义解释(理解为测量自身是否具有地域歧视态度)而被淘汰;其后采用了李克特7级计分法编制了传统形式的地域歧视态度量表,如"你觉得有地域歧视观念或行为的人非常可恨",但经测谎题项校验后,区分度并不理想,而且量表条目少很难全面概括地域歧视现象,如果大量增加量表条目数量被试又容易因厌倦情绪而胡乱回答,故舍弃了第二种问卷;最后经专家建议和小组讨论,采用了奥斯古德发展的一种态度测量技术:语义差异量表(Osgood et al.,1957)。语义差异量表被广泛应用于文化比较研究,个人及群体间的差异比较研究,以及人们对周围环境或事物的态度、看法的研究中。近年来国外很多学者使用语义差异进行量表编制,如教师可信度问卷,优点是条目不多,一般少于30个,避免了在信息过载的社会环境中被试因自动选择、过滤、屏蔽某些信息而不认真回答问卷的问题。

综上所述,大学生地域歧视现象态度量表的编制可以帮助研究者明晰我国当代大学生对地域歧视现象的态度,为后续地域歧视现象的研究提供可靠的测评工具。

2　地域歧视现象态度问卷编制

2.1　量表结构

虽然地域歧视定义中涉及到的认知、情感和行为属性非常复杂,难以用简单的条目进行概括,但大学生对地域歧视现象的态度,多取决于自己的经验、经历和对事件及当事人的态度,因此大学生地域歧视态度量表从大学生对地域歧视现象的态度、对地域歧视者的态度和对被地域歧视者的态度3个维度去编制条目,每个维度均包含态度的认知、情感和行为三种心理成分且随机分配条目,如对歧视现象的态度维度编制了认知成分条目2项,情感成分条目3项,行为成分条目2项。采用语义差异量表7级计分形式,得分越高表明被试对地域歧视现象的态度越不正确。

2.2　量表项目的编写

2.2.1　访谈结果

为深入了解大学生对地域歧视的态度,在明确告知研究目的并征得同意后,由4名心理健康教育专业研究生使用根据研究主题设计的访谈提纲对39位本科生进行了半结构式访谈,在访谈过程中针对"大学生对地域歧视现象的认知、情绪和行为"灵活发问。通过对访谈资料的整理获得了大学生对地域歧视现象态度的两极性词语，筛选出具有代表性、频率较高的词语。如有的大学生认为地域歧视不利于个体和社会的发展，对地域歧视现象比较痛恨；有的大学生认为地域歧视就应该存在，看到有人被攻击时觉得很爽。据此编制出对地域歧视现象态度维度中的情感成分条目："你对地域歧视现象的感受是？痛恨—乐见。"有的大学生希望有关部门能对地域歧视现象加以管理，在发现地域歧视现象时可以随时举报；有的大学生认为地域歧视和自己无关，选择对地域歧视现象听之任之。据此编制出对地域歧视现象态度维度中的行为倾向成分条目："对地域歧视现象你的看法是？听之任之—反驳或举报。"另外，多数大学生认为被地域歧视者应该被同情，但也有大学生认为被地域歧视者自身存在不足，如果自己足够优秀就不会被歧视，据此编制出对被地域歧视者态度维度中的情感成分条目："你对被地域歧视者的感受是？同情—自身不足。"大学生对地域歧视的态度量表在条目编制时多使用一般性、普及性且不针对特定群体的语句，以保证被试回答的公正和客观，并尽可能适用于更多的群体。

2.2.2 相关量表的参考

大学生对地域歧视的态度量表主要参考了申继亮等（2009）歧视知觉量表的内容和肖水源自杀态度问卷的维度划分。每个维度均编制了认知、情感和行为倾向三种成分的条目，如根据"有的当地孩子笑话我普通话不好"编制出情感条目，"你对地域歧视现象的感受是？反感—热衷。"

2.2.3 专家评价

请主讲社会心理学课程的有经验的教师对该量表的初始条目进行评估。评估内容包括量表维度划分是否合理；每个维度下的条目是否能反映该维度的主题；每个条目的词语表达是否恰当。此外还请 45 名本科大学生对量表是否存在不符合大学生群体认知的用词，是否有会伤害大学生情感的不恰当表述，以及量表条目呈现方式是否恰当作出评估。

2.3 量表的形成

通过反复修正，得到了包括 3 个维度，20 个条目的大学生对地域歧视态度的初始量表，其中对地域歧视现象的态度维度有 6 个条目，对地域歧视者的态度维度有 7 个条目，对被歧视者的态度维度有 7 个条目，每个维度均分别编制了认知、情感和行为三种成分的条目。初始量表形成后，由 4 名心理健康教育专业研究生在牡丹江 2 所高校随机选取大学生发放问卷进行试测。共发放问卷 400 份，回收问卷 380 份，回收率 95%。将有缺失回答的问卷和有规律作答的问卷剔除,有效问卷 358 份,有效问卷回收率89.5%。有效样本中,男生 125 人,女生 233 人;平均年龄为 20.25(SD＝1.01)岁。

数据整理后,将 4 道反向计分题转换,对原始量表条目进行探索性分析, KMO 值为 0.922,Bartlett 球形检验 $\chi^2＝3759.695(p＜0.001)$,自由度为 190, 表明项目间的关系极佳,非常适合探索性因素分析。采用主成分分析法,进行 方差最大性正交旋转,提取特征值大于 1 的因素 3 个。解释总变异率达到 60.05%。

根据预测数据的分析结果,按以下统计学指标删除量表中不合适的项目 (吴明隆＆涂金堂,2012):①因素负荷值小于 0.4 的项目;②在两个因素上的负 荷值都过高(大于 0.4)且负荷值相似的条目;③共同性小于 0.2 的项目;④少于 3 个条目的维度;⑤抽取后的因素在旋转前至少能解释 2%的变异率。每删除 一个条目都重新运行一次因子分析。最终得到 3 个维度,保留 17 个条目。对 地域歧视现象的态度 6 个条目,对地域歧视者的态度 6 个条目,对被歧视者的 态度 5 个条目。试测最终探索性因素分析结果见表1。

表 1 试测量表的最终探索性因素分析表

条目	因素 1	因素 2	因素 3	共同度
1	0.63	0.09	0.11	0.52
4	0.77	−0.13	0.12	0.53
8	0.67	0.20	−0.07	0.50
10	0.68	0.19	−0.22	0.51
13	0.62	−0.37	−0.09	0.44
16	0.72	0.12	0.30	0.52
2	0.16	0.87	0.21	0.68
5	0.15	0.88	0.19	0.69
7	0.26	0.75	0.17	0.62
11	0.24	0.86	0.15	0.70
14	0.07	0.59	0.13	0.46
18	0.14	0.63	0.25	0.41
3	0.08	0.21	0.73	0.51
6	0.32	0.17	0.68	0.50

（续表）

条目	因素1	因素2	因素3	共同度
9	0.22	0.19	0.68	0.51
12	−0.12	0.16	0.71	0.52
19	0.28	0.18	0.63	0.41
特征值	2.77	5.72	2.98	
解释率	12.98%	33.05%	14.02%	60.05%

注：因素提取方法：因子分析法；旋转法：最大方差法。

2.4　正式量表的心理测量学考察

2.4.1　样本

样本 1：方便抽取、整群抽取 3 个省份（黑龙江、贵州、天津）5 所高校，共发放问卷 700 份，回收有效问卷 617 份，有效率 88%。随机将数据进行分半，共获得 313 份，其中，男生 165 名，女生 148 名；北方为 226 人，南方 87 人；城市 161 人，农村 152 人，经济较发达地区 82 人，经济较落后地区 231 人。平均年龄为 20.55 岁（$SD=1.16$）岁，样本 1 用于进行正式量表条目的项目分析，并考察内部一致性信度和效标效度。

样本 2：在正式调查的 617 份有效问卷中 304 份用于验证性分析，其中男生 127 名，女生 177 名；北方 226 人，南方 78 人；位于城市 156 人，农村 148 人；经济较发达地区 79 人，经济落后地区 225 人。平均年龄为 20.35（$SD=1.32$）岁。样本 2 用于进行正式量表条目的验证性分析（包括结构效度、聚合效度、区分效度）。

样本 3：从样本 1 中随机抽取 100 人进行重测信度的检验，间隔时间为 1 个月，回收有效问卷 100 份，其中男生 39 名；女生 61 名，年龄范围是 18—21 岁，平均年龄为 20.15 岁（$SD=0.23$）。

2.4.2　测量工具

在本次编制的量表外，还选取了 2 个相近量表作为效标检验工具：

（1）歧视知觉问卷。

歧视知觉问卷由（申继亮，胡心怡，刘霞，2009）等人编制。包括 2 个维度，个体歧视知觉和群体歧视知觉，共 6 个条目，5 点计分，总分越高表明个体的歧视知觉越高。问卷的 2 个维度的内部一致性系数分别为 0.81 和 0.82。

（2）大学生公正世界信念量表。

大学生公正世界信念量表由（杜建政，祝振兵，李兴琨，2007）编制，量表包含 3 个因子，终极公正、内在不公正和内在公正。量表包含 19 个条目，反向计分条目 7 个。采用 5 点计分方式，分数越高，表明公正信念越强。该量表的内部一致性系数为 0.808，3 个因子的内部一致性系数分别为 0.783、0.666 和 0.640。

3 结果

3.1 项目分析

对样本 1，采用题目的临界比率值（CR）的方法，加总分后对条目总分取前后 27% 进行高低分组，各条目按高低分组进行独立样本 T 检验，所有条目均通过了高低分组 T 检验。将全部条目与总分做 Pearson 相关，删除题总相关系数小于 0.4 的条目，结果显示 17 个条目的题总相关系数介于 0.452～0.826 之间。在同质性检验中，首先对全部条目进行可靠性分析，总信度系数为 0.94，然后删除每一个条目后再做可靠性分析，如果某一题项删除后信度系数高于 0.94，表明此题项需要进行删除，本次检验没有需要删除的条目。其次进行了共同性（大于 0.2）和因子负荷（大于 0.45）的检验（傅绪荣，汪凤炎，2020），17 个条目均符合要求。经项目分析后，所有条目均通过各项检验指标要求，不必删除条目。

3.2 信度

研究考察了正式量表的内部一致性系数、分半信度以及重测信度。结果显示，量表各维度的内部一致性系数均在 0.80 以上；采用奇偶分组方法，将每个维度的测验题目按照序号的奇数和偶数分成随机两半，计算两组项目分之间的皮尔逊积差相关，测得量表各维度的分半信度均在 0.75 以上，表明量表具有较好的内部一致性程度；量表各维度的重测信度在 0.7 以上，在 $p < 0.001$ 的水平上显著，表明量表具有较好的跨时间稳定性。总体而言，量表具有较好的信度。具体指标见表 2。

表 2 大学生对地域歧视态度量表信度

因子	Cronbach α	分半信度	重测信度
对地域歧视现象态度	0.82 ***	0.75 ***	0.70 ***
对地域歧视者态度	0.87 ***	0.79 ***	0.73 ***
对被歧视者态度	0.88 ***	0.81 ***	0.75 ***

注：*** p<0.001，下同。

3.3   问卷验证性分析

3.3.1   结构效度

根据探索性分析所得的三因素模型使用 A-MOS22 软件进行验证性因素分析，拟合度指标为 $\chi2=265.991$，$df=117$，$\chi^2/df=2.273$，$RMSEA=0.052$，$SRMR=0.064$，$CFI=0.947$、$IFI=0.947$、$TLI=0.938$、$NFI=0.910$，拟合效果较好。表明测量得到的数据与假设模型适配良好。测量模型见图1。

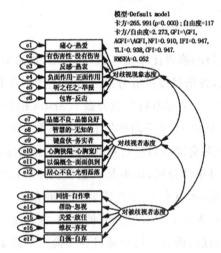

图1   大学生对地域歧视态度量表的测量模型及拟合度

3.3.2   聚合效度与区分效度

对地域歧视态度量表 3 因素中对地域歧视现象态度 $AVE=0.53$、$CR=0.85$；对地域歧视者态度 $AVE=0.70$、$CR=0.92$；对被歧视者态度 $AVE=0.54$、$CR=0.85$。所有因素 AVE 均大于 0.5，CR 都大于 0.8，表明量表具有良好的聚合效度。采用 AMOS 进行区分效度检验，将 3 因素测量模型作为原模型，其他模型与原模型相比，各项拟合指标均有显著下降，说明原模型具有较高的区分效度。（见表3）

表3   大学生对地域歧视态度量表的区分效度

	模型	χ^2	Df	χ^2/df	NFI	CFI	RMSEA	模型比较	$\Delta\chi^2$	Δdf
1	原模型	315	116	2.716	0.916	0.945	0.064			
2	二因子模型一	608	118	5.152	0.728	0.833	0.115	2VS1	293***	2
3	二因子模型二	589	118	4.990	0.787	0.824	0.113	3VS1	274***	2

	模型	χ^2	Df	χ^2/df	NFI	CFI	RMSEA	模型比较	$\Delta\chi^2$	Δdf
4	二因子模型三	432	118	3.667	0.845	0.851	0.091	4VS1	117***	2
5	单因子模型	724	119	6.083	0.738	0.765	0.138	5VS1	409***	3

注：* $p<0.05$，** $p<0.01$，*** $p<0.001$；二因子模型一：因子1＋因子2，因子3；二因子模型二：因子1，因子2＋因子3；二因子模型三：因子1＋因子3，因子2；单因子模型：因子1＋因子2＋因子3。

3.3.3　效标效度

将正式量表3个维度与大学生公正世界信念量表的3个维度和歧视知觉问卷的2个维度进行相关计算,结果表明大学生地域歧视量表3维度与歧视知觉问卷呈显著正相关,与大学生公正世界信念量表的3个维度呈显著负相关。说明本量表具有良好的效标效度。

表4　中国大学生地域歧视现象态度量表与效标量表的相关系数

维度	对地域歧视现象的态度	对地域歧视者态度	对被歧视者的态度
个体歧视知觉	0.52***	0.46***	0.38***
群体歧视知觉	0.56***	0.49***	0.41***
终极公正	−0.35***	−0.15**	−0.33***
内在不公正	−0.57***	−0.44***	−0.45***
内在公正	−0.46***	−0.47***	−0.21***

注：** $p<0.01$，*** $p<0.001$。

4　讨论

大学生地域歧视现象态度量表是在深入分析地域歧视的概念、形成原因、主要表现及测量的基础上,结合社会心理学中的态度理论编制而成的。通过参考相关文献、借鉴已有量表、访谈有关人员、专家评估等方式构建量表维度,编制量表条目。通过试测、正式测试完成了量表的修正,并检验了量表的各项心理测量学指标。该量表的编制一方面丰富了歧视的心理学研究领域,将歧视认知拓展到了态度领域;另一方面,也解决了因对地域歧视的态度过于复杂难以测量的问题(姚鹤等,2010)。

　　大学生地域歧视现象态度量表包含 3 个维度,17 个条目,总量表及分因子的 Cronbach's α 系数均在 0.7 以上,表示量表具有良好的内部一致性系数。对量表进行项目分析和验证性分析,结果表明本量表符合心理测量学的要求,其中项目分析所有指标均符合要求。在验证性分析中,三因子模型的拟合度较好,所有条目标准化因子载荷均在 0.7 以上,表明大学生对地域歧视的态度量表有良好的结构效度和建构效度。

　　研究结果显示,大学生地域歧视现象态度量表及其三个维度与大学生公正世界信念量表和歧视知觉问卷的分维度均存在显著相关($p<0.01$),表明大学生对地域歧视的态度量表具有良好的效标效度。

　　通过对正式测试数据的分析,结果显示对地域歧视现象不正确态度在大学生中普遍存在,说明大学生群体并没有因为受教育水平高而对地域歧视的有正确的态度(刘顺义,李正春,2010)。通过差异检验,结果显示经济欠发达地区、农村地区、北方地区的大学生对地域歧视的态度更鲜明与敏感,可能与这些地区是地域歧视的重灾区,在成长过程中与更多被地域歧视的不良体验有关;男女大学生对地域歧视现象的态度没有显著性差异,说明影响大学生对歧视现象态度的主要因素不是性别而是经济发展水平和所在地域。地域歧视不符合我国社会主义的主流文化(Zhang,2010;殷一榕,2017),地域歧视使不同地区的人们彼此失去信任,由反驳到敌视,甚至相互攻击,严重时可能会引发纷争,造成地区间人民的冲突。进而影响整个社会的健康有序发展。地域歧视在相当大的程度上阻碍了和谐社会的构建,是与和谐社会发展目标相悖的。地域歧视现象必须引起社会各界的高度重视(张千帆,2010)。反地域歧视是全社会的共同任务,政府、社会和公民个人都应该分别承担起各自的责任和义务。国家应出台有关政策,大力发展地方经济,缩小城乡、城间差异(任捷,2020)。学校应进行相应的教育,提高青少年对多元文化的包容能力、对弱者的共情能力,同时也要提高学生的心理抵抗能力。国家要加强对媒体的监管力度(王立君,丛靖阳,2019)。消解地域歧视需要社会各方面的合力,需要倡导一种健康宽容的文化观,促进不同地域人们的相互交流、相互沟通和相互理解,合理引导媒体宣传(郭宏斌,2010)。这将有助于提高青少年心理健康水平。建设和谐的社会气氛围。

　　大学生地域歧视现象态度量表首次从实证角度对地域歧视现象进行研究,弥补了以往研究缺乏数据证据的不足。已有研究表明,被地域歧视的地域或当事人,更容易受到来自舆论的巨大冲击,出现地域间的攻击性行为,而这些又会对当地的公共形象和个人的工作生活造成难以预估的破坏性影响（吴梦，2018）。研究从大学生对地域歧视现象的态度、地域歧视者的态度和被歧视者的态度三个维度编制量表，结果显示量表的实证效度良好。大学生对地域歧视的态度量表存在以下几方面不足：首先，虽然量表是借鉴国内外最新研究成果编制而成，但在对维度的把握上仍有局限，需要在后续研究中予以完善。其次，取样数量不足会影响数据分析结果，未来会增加取样数量，并根据学生对自己测量结果与实际情况的对比反馈修订量表条目。最后，研究采样不均，样本中地方高校学生多，本科生多，女生多，未来会增加教育部直属高校学生、硕博研究生、专科生、男生的取样。

5 结论

大学生地域歧视现象态度量表符合心理测量学要求，可以作为测量中国大学生地域歧视态度的工具。本量表共 3 维度 17 个条目，被试分数越高表明其对地域歧视的态度越强烈。该量表可以在后续的理论与实践研究中使用。

参考文献

曾庆江.(2014).事件新闻报道命名与地域歧视.海南师范大学学报（社会科学版），27(9)，104-107.

陈宝良.(2017).从"乡曲之见"到"地域歧视".文史天地，(10)，60-63.

陈科汝.(2014).地域歧视及其法律救济探析.决策探索（下半月），(11)，70-72.

杜建政，祝振兵，李兴琨.(2007).大学生公正世界信念量表的初步编制.中国临床心理学杂志，(3)，239-241.

傅绪荣，汪凤炎.(2020).整合智慧量表的编制及信效度检验.心理学探新，40(1)，50-57.

郭宏斌.(2010).地域歧视形象的社会建构分析.甘肃社会科学，(2)，74-77.

黄国萍，姚本先.(2006).地域歧视与和谐社会的构建.社会心理科学，(4)，50-52.

李依然.(2019).地域偏见视野下河南形象的影视传播研究（硕士学位论文）.成都理工大学.

刘顺义，李正春.(2010).中国地域歧视的集中效应与反歧视体系建构——兼论丑化与歧视河南人现象.哈尔滨市委党校学报，(4)，87-89.

卢山.(2018).社交媒体地域污名化现象研究（硕士学位论文）.湖南师范大学.

帕特里克·西蒙，朱世达，王冬帆.(2006).对种族歧视的测量：统计的政策性使用.国际社会科学杂志（中文版），(1)，11-27.

任捷.(2020).地域歧视太伤人，互联网法院支持维护平等就业权.分忧，(10)，24-25.

申继亮，胡心怡，刘霞.(2009).留守儿童歧视知觉特点及与主观幸福感的关系.河南大学学报

（社会科学版），49(6)，116－121.

沈毅玲.(2017).新闻报道中的地域歧视性语言现象探析.中国记者,(5),103－104.

王立君,丛靖阳.(2019).新媒体时代的媒体从业者与地域歧视.新闻研究导刊,10(20),
　190－191.

王婷婷.(2016).大学生就业地域歧视的分析与相关反思.科技展望,26(28),356.

吴梦.(2018).网络热点事件中的地域标签化现象研究(硕士学位论文).苏州大学.

吴明隆,涂金堂.(2012).SPSS与统计应用分析.东北财经大学出版社.

徐帅.(2015).当代大学生就业地域歧视问题的理性分析.开封教育学院学报,35(11),
　278－279.

徐顽强,孙丹.(2014).大学生就业地域歧视现象的理性反思.黑龙江高教研究,(8),64－67.

姚鹤,段锦云,冯成志.(2010).雇佣歧视的概念测量、影响及干预.心理科学,33(5),
　1198－1201.

殷晓章.(2007).地域歧视无法维权的困惑.政府法制,(16),36－37.

殷一榕.(2017).当代中国地域歧视问题的现实思考——马克思主义视野下的和谐观.黑龙江
　生态工程职业学院学报,30(1),48－50.

张爱玲,逯杉楠.(2018)."后真相时代"的地域歧视传播——以东北人的形象传播为例.传媒,
　(13),67－69.

张敏,韩立梅.(2009).消除地域歧视与构建和谐社会.襄樊职业技术学院学报,8(4),21－23.

张千帆.(2010).大学招生地域歧视的危害.民主与科学,(4),20－23.

Berghuis，K.J.，Pössel，P.，& Pittard，C.M.（2020）. Perceived discrimination and
　depressive symptoms：Is the cognitive triad a moderator or mediator? Child & Youth
　Care Forum：Journal of Research and Practice in Children's Services,49（4）.

Cho，Y.J.，Jang，Y.，Ko，J.E.，Lee，S.H.，& Moon，S.K.（2020）. Perceived
　discrimination and depressive symptoms：A study of Vietnamese women who migrated to
　South Korea due to marriage.Women & Health，60（8）.

Hearne，B.N.，Talbert，R.D.，& Hope，A.R.（2020）. The role of perceived racial
　discrimination in the marriage gap between black and white people.Marriage & Family
　Review,56（8）.

Osgood，C.E.，Suci，G.，Tannenbaum，J.，& P.，H.（1957）. The measurement of meaning.
　University of Illinois Press.

Wang，J.，& Tang，B.(2017). Is there regional discrimination in culture crowdfunding? An
　empirical study on Dianmingshi-jian.com and Zhongchouwang.com(Eds.),战略新思维：
　绿色、创新与共享——2017战略管理国际会议论文集（pp. 787－795）.（2017ICSM）.中
　国四川成都.

Zhang，R.（2010）. Media，litigation，and regional discrimination in college admission in

China. Chinese Education & Society,43(4),60 - 74.

Development，Reliability and Validity of College Students' Attitude Scale on Regional Discrimination

Shang Yuandong[1],Lu Peijie[1],Dong Qinzi[1],Yang Chun[2]

(1.School of Educational Sciences，Mudanjiang Normal University,Mudanjiang 157012;

2.Department of Psychology，Tianjin Normal University，Tianjin 300387)

Abstract：The existence of regional discrimination is against the concept of a harmonious society. What are people's attitudes toward this phenomenon? Based on the rational behavior model theory proposed by Fishbein and Ajzen，the study selected the most active college students on the Internet as a sample，compiled the college students' attitudes towards regional discrimination phenomenon，and constructed their attitudes towards and discrimination against regions. There are three dimensions：the attitude of the person who is discriminated against and the attitude of the discriminated person. Writing items by collating interview materials，referring to relevant scales，and expert discussions.358 subjects were selected for pre-testing，and 617 subjects were formally tested. The research results show that the three dimensions of the college students' attitudes to regional discrimination phenomenon are reasonable. The item analysis，exploratory analysis and confirmatory analysis of the scale meet the requirements of psychometrics and are effective tools to measure the attitudes of Chinese college students to the phenomenon of regional discrimination.

Key words：regional discrimination phenomenon；attitude；reliability and validity；college students

三、链式中介范文

教养效能对家长主观幸福感的影响：
亲职压力和婚姻质量的链式中介作用

摘　要：为探讨教养效能对家长主观幸福感的影响及其作用机制，基于生态系统理论，采用教养能力感量表、主观幸福感量表、亲职压力量表及婚姻质量问卷对天津、黑龙江等地953名家长进行调查。结果表明：①教养效能、主观幸福感、亲职压力及婚姻质量之间两两显著相关，且教养效能能显著地正向预测主观幸福感；②亲职压力和婚姻质量在教养效能与主观幸福感之间起显著的中介作用。具体为三条中介路径：一是亲职压力的单独中介作用；二是婚姻质量的单独中介作用；三是亲职压力和婚姻质量的链式中介作用。研究结果丰富了家长主观幸福感领域的研究成果，为提高家庭和谐提供了理论基础。

关键词：教养效能；主观幸福感；亲职压力；婚姻质量

分类号：B844

1. 引言

随着近年来社会节奏的加快和养育成本的升高，为人父母者承受了更多的压力，家长需要寻找一些更有效率的养育方法帮助自己成为一位职称的父母。当今的养儿育女已不仅仅满足于从前的温饱和安全即可，需要更科学的方法高效地培养自己的孩子，教养效能（parenting efficacy）因此进入了研究领域（Keresteš，Brković，& Jagodić，2011）。相关数据显示，我国近一半父母的教养效能感处于中低水平，且父母教养效能感随幼儿年龄增长而降低（杜雨茜，左志宏，席居哲，2020）。受父母教育水平、性别、职业等影响，不同家长间孩子的教育能力存在差异。教养效能对个体的心理健康（Guoying，Jin，Li，& Gang，2021）有积极影响；与感受到的社会支持（关文军，胡梦娟，王春晖，2019）呈正相关，良好的教养效能会显著提高个体社会能力（李晓巍，魏晓宇，2017）和主观幸福感（李艳兰，2010）。除此之外，教养效能感也细分为多种类型，其中放弃型教养效能感是当今父母中普遍存在的（雷秀雅，杨振，刘愫，2010），不但会影响孩子的社会化发展，而且对家长主观幸福感和家庭和谐产生危害。基于理论和实证研究，我们觉得该研究成果能为后续提供干预和指导。

主观幸福感（subjective well-being）是一种生活态度，包含认知和情感两种成分(Diener，Emmons，Larsen，Griffin，1985)，较高的生活满意度和较多的积极情绪、较少的消极情绪。获得幸福是人类终极动机(Diener et al.，1985)。主观幸福感可以提高个体的生活质量、心情健康水平、人际关系和家庭幸福水平(舒首立，2020)，缺少幸福感的家庭是很难维持长久的，会对个体的心理社会适应产生消极影响。国内外大量学者从个体内和个体外两方面对影响主观幸福感的因素进行了研究(David，Anna，Auke，1988；邢占军，金瑜，2003；叶妍，符明弘，陈瑶，2014)，但针对的个体多是各层面的学生，较少涉及到作为家长的成年人。研究还表明教养效能是主观幸福感降低的重要影响因素(邹盛奇，伍新春，2019)。但教养效能和主观幸福感的关系以及教养效能如何影响主观幸福感仍需进一步探讨。单一的因素并不能很好地解释主观幸福感的形成和发展，因此有必要进行全面而系统的研究。生态系统理论强调外界环境因素和个体内部因素的共同作用对人心理和行为发展的重要影响(刘广增，张大均，朱政光，李佳佳，陈旭，2020)。根据生态系统理论，家长主观幸福感的发展和变化不仅取决于个体因素，还取决于微观环境系统，以及它们的相互作用。家庭的积极发展离不开孩子的个体成长，如何让孩子成才取决于家长的教养方式。因此，为了进一步明确主观幸福感的形成与发展机制，有必要从生态系统论多因素整合视角，同时考察认知因素(教养效能)、微观环境系统因素(婚姻质量)及个体水平因素(亲职压力)对个体主观幸福感影响的中介机制。有研究指出亲职压力可能是解释其他因素如何影响个体心理和重要中介变量(Carmen et al.，2021)，婚姻质量是解释其他因素如何影响个体主观幸福的重要中介变量(王玉霞，2010)，因此考察亲职压力和婚姻质量在二者关系中的中介作用，有助于揭示教养效能如何影响主观幸福感的认知机制。

教养效能感，指父母个体对自己具有成为有效、胜任的父母的能力信念和能对子女的行为与发展施加积极影响的能力信念。教养效能感作为父母的动因机制，是影响其教养方式和教养能力发挥的核心因素(杨兢，2006)。父母教养效能感基本上可以划分为成熟型、一般型和放弃型等三种类型(雷秀雅 et al.，2010)，而成熟型教养效能家长所占比例过低及我国大多家长教养效能中下水平的现状导致儿童问题行为的增加(曾秀虹，2020)，这会导致家长教养能力信心的下降。一方面，从效能感的核心内容来看，教养效能是有效、胜任和积极信念的集合，要从子女的发展结果来衡量效能的高低，孩子的发展往往很难如家长的期望(阳泽，陈明英，2017)，因此这在一定程度上放大了个体消极情绪并造成生活满意度的下降(柴彩霞，冯喜珍，刘丽萍，陈红香，2020)，并导致个体主观幸福感的下降。另一方面，主观幸福感的概念模型也指出自我效能感是减少个体压力感、促进心理健康并提升个体幸福感的关键因素（李艳兰，2010）。实证研究结果也发现，教养效能与主观幸福感呈显著正相关（汪鑫鑫，王娟，谢晗，孙鹏，2020；邹盛奇，伍新春，2019）。因此，本研究假设教养效能够正向预测主观幸福感。

亲职压力（parental pressure）可能是教养效能和父母个人幸福感的重要中介因素。亲职压力是指父母在其亲子系统中所感受到的抚养压力，这种压力往往源自个体在履行为人父母的角色时由于个人因素、子女因素、经济因素或支持系统出现问题时引发的各种阻滞（Wang et al.，2021）。亲职压力在特殊儿童（身体残疾、智力残疾）家庭的家长身上尤其显著（冯洁，2019；关文军 et al.，2019），亲职压力受到个体家庭经济条件（朱丽娟 et al.，2020）、社会支持（李媛，方建群，赵彩萍，2015）、应对方式（jeong, & kyung, 2019；蒋娜娜，2018）、人格及自我效能感（罗家涞，2018）等多种因素的影响。其中一般效能感、教养效能感也是个体亲职压力的重要影响因素。基于效能感的研究认为个体信心与能力的不足会导致压力的增加，表现为家庭教育活动中的参与度相对较低、放任与忽视孩子、躲避辅导责任、耐心下降并容易对孩子发火（蒋诺，2019）。以往的实证研究也验证了教养效能与亲职压力的负相关关系（冯洁，2019；王娟，屈娇娇，吴婧轩，2019）。因此教养效能可能会负向影响个体的职业压力。此外，较低的亲职压力是个体事半功倍行为的关键，压力越小，个体行为效率越高，由此产生的幸福感就会越高（邹盛奇，伍新春，2019）。研究发现亲职压力对个体主观幸福感具有显著的负向预测作用（李艳兰，2010）。家庭压力模型理论也指出，亲职压力会随着社会支持和家庭支持而变化，而领悟社会支持和个体主观幸福感是正向显著预测关系（汪鑫鑫 et al.，2020）。因此本研究假设教养效能可能会通过亲职压力的中介作用对个体的主观幸福感产生间接影响。

婚姻质量（marital quality），指夫妻对婚姻关系和谐程度的主观满意度及客观评估（Bryant，Futris，Hicks，Lee，& Oshri，2016）。婚姻质量一种个体认知因素，是影响个体心理与行为发展的重要近端因素之一，极有可能在个体心理与行为间起中介作用。根据婚姻关系中的"外溢假说"理论，父母不良的婚姻质量会诱发他们表露出更多消极情绪，从而破坏个体的情绪安全感，消极沮丧的情绪会削弱个体效能感，可能导致个体产生更多的问题行为（王斯麒，赵彬璇，吴红，2019）。已有实证研究也发现父母婚姻质量越好，教养效能越强（张晓，李龙凤，白柳，陈英和，2017）。婚姻质量会通过生活质量影响人的身心健康和工作质量(王雯,李晓丽,2008;赵美玉,2006)。良好的婚姻质量对个人幸福感有显著的提升作用,夫妻对婚姻关系和谐程度的主观满意度越高就会体验到更高的主观幸福感(王巍,2012;王玉霞,2010)。以往的研究也证明了婚姻质量能显著正向预测个体主观幸福感(Mark,Pike,& 2017;周红伟,2013)。因此本研究假设教养效能可能会通过婚姻质量的中介作用对个体的主观幸福感产生间接影响。

我国学者研究发现无婚姻生活者主观幸福感高于有婚姻生活者(邢占军,金瑜,2003),这说明婚姻质量给个体带来了过多的压力,婚姻中的压力不但包括夫妻关系相处的发展压力,也包括家庭教育当中养育孩子成长的亲职压力。个体婚姻质量越好,亲职压力越小。以往实证研究认为亲职压力与婚姻质量呈显著负相关(蒋娜娜,2018),因此本研究假设教养效能可能会通过亲职压力—婚姻质量的链式中介作用对个体的主观幸福感产生间接影响。

综上,在生态系统理论视角下,本研究拟系统地考察教养效能、亲职压力、婚姻质量对个体主观幸福感的影响,以及亲职压力和婚姻质量在教养效能和家长主观幸福感间的中介作用,最终揭示教养效能是"如何"影响家长主观幸福感的。本研究不但能进一步明确教养效能与家长主观幸福感的关系及其作用机制,同时研究成果也能为后续的家长主观幸福感的提升和干预提供理论指导和实证依据。

2. 研究方法

2.1　研究对象

采取方便抽样的方法对天津、牡丹江、哈尔滨三地 969 位家长的教养效能、亲职压力、婚姻质量以及个人幸福感方面进行调查,家长均在 30 分钟内完成全部答卷,回收整理后得到有效问卷 953 份(有效回收率:98.35%)。其中,父亲的 169 人(17.7%)、母亲的 752 人(78.9%)、祖父母的 17 人(1.8%)、其他家属的 15 人(1.6%);平均年龄 37.5 岁,标准差为 4.25。

2.2　研究工具

2.2.1　教养效能量表

教养效能量表选取 Gibaud-Wallston 和 Wandersman 1978 年开发的教养能力感量表(Parenting Sense Of Competence Scale),由彭咏梅等于 2012 年修订为中文版。原量表 17 个项目,9 条反向计分题,修订版 12 条目,分为效能感和满意度两个维度,二因子模型拟合度 $\chi^2/\mathrm{df}=2.438$、RMSEA$=0.067$、CFI$=$

0.945，表明拟合度指数比较理想。量表采用 Likert 4 点计分"1"为非常不同意"，"4"为"非常同意"，分数越高表明教养效能感越高。在本次测验中，问卷的内部一致性信度为 0.91。

2.2.2　主观幸福感量表

主观幸福感的测量包括生活满意度和情绪两部分。生活满意度选取"生活满意度量表"（Satisfaction With Life Scale，SWLS）（Diener et al.，1985）。该量表由 5 个条目组成，采用 7 级计分法，"1"为完全不符合，"7"为"完全符合"，分值越高表明生活满意度越高，该问卷的克隆巴赫 α 系数为 0.87，两个月后重测信度为 0.82。在本研究中，该量表的总信度为 0.92。后者采用积极与消极情绪体验问卷（scale of positive and negative experience，SPANE）（David et al.，1988），共 20 题，积极情绪和消极情绪各有 10 题，该问卷 5 点计分（1＝几乎没有，5＝极其多），积极情绪分数越高，且消极情绪分数越低，表明情绪幸福水平越高。本研究中二维度的内部一致性系数分别为 0.85 的 0.83。

2.2.3　亲职压力量表

亲职压力量表选取中国台湾学者任文香（1995）翻译并修订的亲职压力指标简表（简称 PSI-SF）（秦秀群，唐春，朱顺叶，梁亚勇，邹小兵，2009）。该问卷共 36 个条目，问卷采取 Likert 5 点计分制，"1"表示"非常不同意"，"4"表示"非常同意"，分值越高表明亲职压力的程度越严重。该问卷分为亲职愁苦、亲子互动失调和困难儿童 3 个维度，各维度的克隆巴赫 α 系数分别是 0.90、0.82、0.86。在本研究中，该量表的内部一致性信度为 0.88。

2.2.4　婚姻质量量表

婚姻质量量表选取程灶火编制的中国人婚姻质量问卷（Chinese marital quality inventory，CMQI）（程灶火 et al.，2004），分为 10 个维度，共 90 个条目，本次测量选取了子女与婚姻、家庭角色两个维度 18 条目，重测信度分别为 0.819、0.726，两个条目的分半信度 0.558、0.462 和 0.635、0.589。本问卷采用 1—5 级计分制，分数越高，表明婚姻质量越好。在本研究中，该量表的总信度为 0.79。

3. 研究结果

数据的分析描述采用 SPSS 22.0 软件及 Process 3.5 插件进行统计。

3.1　共同方法偏差

由于研究采用问卷调查法，在研究中可能会存在共同方法偏差，问卷中设有方向题目、不记名填写，以检验问卷的真实性和可信度。使用 Harman 单因素检验，结果显示特征值大于 1 的因子有 4 个，第一个因子的解释贡献率为30.52%，小于 40% 的临界值，符合检验的标准（周浩，龙立荣，2004）。因此，本研究的数据不存在严重的共同方法偏差。

3.2　描述性与相关分析

通过对描述统计及相关分析结果进行描述（见表 1）：教养效能、亲职压力和婚姻质量间均呈显著相关，且三者均与主观幸福感呈显著相关，这为进一步探究亲职压力、婚姻质量的中介效应提供了依据和支持。

表 1　各变量的描述性统计和相关分析结果（N＝953）

变量	M	SD	教养效能	主观幸福感	亲职压力	婚姻质量
教养效能	2.96	0.53	1			
主观幸福感	3.70	0.92	0.42*	1		
亲职压力	3.38	1.18	−0.21*	−0.32*	1	
婚姻质量	4.23	1.11	0.43*	0.51*	−0.37*	1

注：*$p<0.05$、*$p<0.01$、*$p<0.001$，所有小数保留两位小数，下同。

3.3　亲职压力和婚姻质量的中介作用

相关分析结果符合进一步对亲职压力和婚姻质量进行中介效应检验的统计学要求（温忠麟，叶宝娟，2014）。接下来采用 Hayes（2012）编制的 SPSS 宏（http://www.afhayes.com）程序中的 Model 6，对数据进行了标准化处理。另外，以往研究发现年龄和性别会对亲职压力、婚姻质量和主观幸福感等产生影响（李艳兰，2010），因此本研究对性别和年龄进行控制。

回归分析的结果（表 2）表明，教养效能对主观幸福感有显著的正向预测作用（$\beta=0.45$，$t=15.72$，$p<0.001$）。且将亲职压力和婚姻质量纳入回归方程后，教养效能对主观幸福感的预测作用依旧显著（$\beta=0.20$，$t=6.69$，$p<0.001$）。教养效能对亲职压力有显著的负向预测作用（$\beta=-0.43$，$t=-14.58$，$p<0.001$），教养效能对婚姻质量有显著的正向预测作用（$\beta=0.34$，$t=11.34$，$p<0.001$），亲职压力对婚姻质量有显著的负向预测作用（$\beta=-0.29$，$t=-9.76$，$p<0.001$）。亲职压力对主观幸福感有显著的负向预测作用（$\beta=-0.21$，$t=-6.95$，$p<0.001$），婚姻质量对主观幸福感有显著的正向预测作用（$\beta=0.35$，$t=11.23$，$p<0.001$）。

中介效应量分析结果显示（见表 3，图 1），亲职压力和婚姻质量在教养效能与主观幸福感间起显著的中介作用，总的标准化中介效应值为0.25。中介效应具有由三条路径产生的间接效应组成：路径1：教养效能—亲职压力—主观幸福感的路径形成的间接效应1(效应值0.09)；路径2：教养效能—婚姻质量—主观幸福感的路径形成的间接效应2(效应值0.12)；路径3：教养效能—亲职压力—婚姻质量—主观幸福感的路径形成的间接效应3(效应值0.04)，3个间接效应占总效应的比值分别为20%、26.67%和8.89%，且以上间接效应的BootStrap 95%置信区间的上限、下限均不包含0，表明3个间接效应均达到显著水平。

表2　各变量间回归关系的分析

回归方程(n=953)		拟合指标			系数显著性	
结果变量	预测变量	R	R^2	F(df)	β	t
主观幸福感		0.46	0.21	85.66(3)		
	性别				0.01	0.15
	年龄				−0.05	−2.03
	教养效能				0.45	15.72*
亲职压力		0.43	0.18	73.10(3)		
	性别				0.05	1.95
	年龄				0.03	0.91
	教养效能				−0.43	−14.58*
婚姻质量		0.55	0.30	102.10(4)		
	性别				−0.04	−1.40
	年龄				−0.07	−2.57
	教养效能				0.34	11.34*
	亲职压力				−0.29	−9.76*
主观幸福感		0.61	0.37	113.32(5)		
	性别				0.04	1.37
	年龄				−0.02	−1.02
	教养效能				0.20	6.69*
	亲职压力				−0.21	−6.95*
	婚姻质量				0.35	11.23*

注：模型中各变量均采用标准化后的变量带入回归方程，下同。

表3　亲职压力和婚姻质量在教养效能和主观幸福感之间的链式中介效应量分析

	Effect	BootSE	BootLLCI	BootULCI	相对中介效应（%）
直接效应	0.20	0.03	0.14	0.26	
路径1	0.09	0.01	0.06	0.12	20%
路径2	0.12	0.01	0.08	0.15	26.67%
路径3	0.04	0.01	0.03	0.06	8.89%
总间接效应	0.25	0.02	0.20	0.29	55.20%

注:路径1:教养效能—亲职压力—主观幸福感;路径2:教养效能—婚姻质量—主观幸福感;路径3:教养效能—亲职压力—婚姻质量—主观幸福感。通过偏差校正的百分位BootStrap方法抽样5000次,上下限95%置信区间。

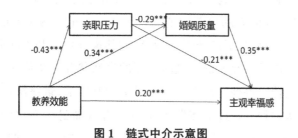

图1　链式中介示意图

4. 讨论

4.1　教养效能与主观幸福感的关系

本研究在生态系统理论视角下,探讨了教养效能与主观幸福感的关系及其内部作用机制。教养效能与家长主观幸福感呈显著正相关,教养效能能显著正向预测主观幸福感,这与以往对主观幸福感的研究结果相一致(Keresteš et al., 2011;邹盛奇,伍新春, 2019)。引入亲职压力和婚姻质量这两个中介变量后,教养效能依然能显著正向预测主观幸福感,但直接效应已经小于间接效应,表明本模型是完全中介模型。这一结果支持了生态系统理论,即微观环境系统变量(婚姻质量)和个体水平变量(亲职压力)与教养效能和主观幸福感构成了相互作用的生态系统,并分担了教养效能对主观幸福感的直接作用,揭示了亲职压力和婚姻质量在教养效能和主观幸福感间的重要桥梁作用。

4.2　亲职压力和婚姻质量的单独中介作用

研究结果表明,教养效能能通过亲职压力和婚姻质量的单独中介作用对家长主观幸福感产生影响。该结果与以往以特殊儿童和班主任为被试所研究的结果是一致的(李艳兰，2010；李媛 et al.，2015)。即亲职压力能在教养效能和主观幸福感间起中介作用(Meiju，Wangqian，& Jun，2021)。婚姻质量能在教养效能和主观幸福感间起中介作用(Bryant et al.，2016)。

认知结果(教养效能)因体验差异(亲职压力)作用到个体身上时会产生不同的幸福体验。相比于成熟型教养效能，放弃型的教养效能体验到的亲职压力更大，而压力过大会导致个体心理健康水平下降(江虹，谢经汤，丁娟，雷震，潘芳，2014)，进而导致家长产生幸福感体验的缺失。亲职压力过大表现是将这种压力转移到对子女教养行为中，产生消极、严厉和压迫等一般乃至放弃型的教养效能。在这种低效能、高压力的恶性循环中，家长的主观幸福感将荡然无存。当父母长时期处于高亲职压力水平下，焦虑、自责、挫折等消极情绪会更多，也会更容易导致他们的教养效能感降低(Berryhill，Soloski，& Durtschi，2016)并诱发夫妻冲突和不良亲子互动，影响其家庭功能和生活质量。幸福的比较理论认为幸福感来源于自己目前实际的生活状况与个体所认同的价值观与目标之间的比较。各种比较之后的结果又相互影响，最终决定其幸福水平。如果个体的现状达到或超过个体期待，就会产生幸福感。有比较就有压力，正表明亲职压力是父母对孩子间的成就比较为主产生的。家长如果采取积极乐观的态度，并及时调整心理状态，提升应对各种困难和挑战的自信水平，那么感受到的亲职压力就会较小，其主观幸福感水平就较高。

教养效能三种类型反映了家长间个性的差异(李媛，方建群，马欣荣，赵彩萍，张朝霞，2011)，这种差异影响了家庭幸福体验。随着孩子的成长，许多不能达到家长的期望水平，因此对个人教养效能的怀疑会进一步加深，从而陷入迷茫并影响到个体的幸福体验。我国传统家庭以母亲教养为主，很少父亲参与(李晓巍，魏晓宇，2017)，这造成了教养效能的单一，也不利于个体的主观幸福体验。婚姻关系是家庭系统的核心要素，父母婚姻质量的高低不仅影响到父母双方的身心健康，还会影响父母的教养效能，从而间接影响儿童的身心发展和社会适应(丁彦华，2014)，而家长的主观幸福大多建立在儿童的健康发展之上。婚姻质量高的家庭，气氛较和谐，父母信心也会增多，进而体验到更多的主观幸福感(周沫，2008)。相反，低婚姻质量的家庭，更倾向于信心不足，出现更多焦虑、抑郁等负面情绪(李渊柏，王岩，王大华，2018)。从而体验到更多的消极体验和生活满意度的降低。

通过两条中介路径的对比发现，婚姻质量的中介效应(0.12)要大于亲职压力的预测作用(0.09),对于这一结果的可能解释是:生态系统理论下,个体微观环境变量(婚姻质量)是构成家庭重要因素,与个体教养效能关系更密切。同时作为个体认知水平的亲职压力在父母双方共同分担下,个体体验到的压力会小于单独面对的压力。因此婚姻质量的中介效应(0.要大于亲职压力的预测作用。

4.3　亲职压力和婚姻质量的链式中介作用

亲职压力显著负向预测婚姻质量,这与以往的研究结果相一致(Mark, & Pike, 2017;Xiuyun et al., 2017;关文军 et al., 2019;蒋娜娜,2018)。亲职压力越大,家长的负面情绪就会越多,父母会因为教养方式产生分歧,发生争吵,进而影响夫妻关系和婚姻质量。相反,婚姻质量高的家庭夫妻越能彼此分担亲职压力,因而高婚姻质量与低亲职压力存在着显著的关联。教养效能与亲职压力的负向预测关系揭示家长要寻求更有效的教养方式,以夫妻双方合作的方式减轻亲职压力,而夫妻双方共同合作则预示着婚姻质量的提高。父母对养育子女信心不足,就会感受到更多的亲职压力(蒋娜娜,李海军,2020)。父母的婚姻质量越好,青少年的亲社会行为越多,问题行为越少,因此父母的亲职压力也会分担直至减少。在同样的生活条件下,父母婚姻质量高的孩子能够以积极的心态解决问题,孩子生活得好,父母的亲职压力也就会减小。因此良好的婚姻质量对提高父母教养效能和减少亲职压力有显著的预测作用(Stafford,2016;赵彬璇,2021),天然具有教养自信,不会产生过多的亲职压力。

4.4　本研究的意义和不足

本研究基于生态系统理论,探讨了教养效能与家长主观幸福感的关系及其作用机制。结果发现教养效能显著预测家长主观幸福感并能通过亲职压力和婚姻质量的链式中介作用显著预测家长主观幸福感。这便系统和深入地揭示了教养效能"如何"影响家长主观幸福感的内部心理机制,也深化了教养效能和家长情感发展的研究。现代家庭对教育的重视促使粗放型的教养方式要完成到科学型的教养方式的转变(王斯麒 et al., 2019)。因此在实践上,本研究结果启示家长应该学习科学高效的教养方式,夫妻双方通力合作,共同承担亲职压力,以期经营一个温暖和谐健康发展的科学家庭。

本研究也存在一些不足,需要在未来的研究中加以完善。首先,由于条件所限,本研究采用横断研究设计,难以考察纵向时间内各变量的发展变化;其次,本研究的有效数据受到一定的限制,总共收取了 969 份。希望能够在今后的研究中投入更充分的数据进行运算和分析。最后,本文取样的地区只有 2

个,在此背景下,研究结果可能会受到地域限制,希望未来研究能够通过更多地区、纵向研究设计,包括聚合交叉设计、多层线性模型及操作中介变量等更为全面的方式来探讨父母教养效能和个人幸福感的因果关系。

5. 结论

本研究得到以下结论:①教养效能、主观幸福感、亲职压力以及婚姻质量之间两两显著相关,且教养效能能显著地正向预测主观幸福感;②亲职压力和婚姻质量在教养效能与主观幸福感之间起显著的中介作用。具体为三条中介路径:一是亲职压力的单独中介作用;二是婚姻质量的单独中介作用;三是亲职压力和婚姻质量的链式中介作用:教养效能—亲职压力—婚姻质量—主观幸福感的作用。

The influence of parenting effectiveness on parents' subjective well-being: The Chained Mediation Effect of Parental Pressure and Marriage Quality *

Chun Yang[1] Huifang Zhang [2] Yuandong Shang [2]

(1.Faculty of Psychology, Tianjin Normal University, Tianjin 300387;
2. Mudanjiang Normal University, Mudanjiang 157012)

Abstract: In order to explore the influence of parenting efficacy on parents' subjective well-being and its mechanism, based on the theory of ecosystems, the parenting ability scale, subjective well-being scale, parental stress scale, and marriage quality questionnaire were used in Tianjin and Heilongjiang 953 Parents conduct an investigation. The results show that: ① Parenting effectiveness, subjective well-being, parental pressure and marriage quality are significantly correlated with each other, and parenting effectiveness can significantly positively predict subjective well-being; ② Parental pressure and marriage quality are related to parenting Efficacy and subjective well-being play a significant mediating role. Specifically, there are three intermediary paths: one is the sole intermediary effect of parental pressure; the other is the sole intermediary effect of marriage quality; and the third is the chain intermediary effect of parental pressure and marriage quality. The research results enrich the research results in the field of parents' subjective well-being, and provide a theoretical basis for improving family harmony.

Keywords：parenting effectiveness; personal well-being; parental pressure; marital quality

参考文献

Bryant, Futris, Hicks, Lee, & Oshri. (2016). African American Stepfather—Stepchild Relationships, Marital Quality, and Mental Health. *Journal of Divorce & Remarriage*, 57 (6).

Carmen, T., Alessandra, B., Marika, C., Roberto, B., Antonio, C., & Mara, M. (2021). The buffering role of paternal parenting stress in the relationship between maternal parenting stress and children's problematic behaviour. *International journal of psychology*：*Journal international de psychologie*.

David, W., Anna, C. L., & Auke, T. (1988). Development and validation of brief measures of positive and negative affect：The PANAS scales. *Journal of Personality and Social Psychology*, 54(6).

Diener, E., Emmons, R. A., Larsen, R. J., & Griffin, S. (1985). The Satisfaction With Life Scale. *Journal of Personality Assessment*, 49(1).

Guoying, Q., Jin, M., Li, T., & Gang, D. (2021). Assessing Mothers' Parenting Stress：Differences Between One-and Two-Child Families in China& ♯ 13. *Frontiers in Psychology*.

jeong, P. Y., & kyung, C. M. (2019). The Relationship Between Young Children's Temperament and Emotional Regulation：The Mediating Role of Parenting Sense of Competence. *Korean Journal of Childcare and Education*, 15(5).

Keresteš, G., Brković, I., & Jagodić, G. K. (2011). Parenting sense of competence and parent-adolescent conflict. *Contemporary psychology*, 14(1).

Mark, K. M., & Pike, A. (2017). Links between marital quality, the mother—child relationship and child behavior. *International Journal of Behavioral Development*, 41(2).

Meiju, Z., Wangqian, F., & Jun, A. (2021). The Mediating Role of Social Support in the Relationship Between Parenting Stress and Resilience Among Chinese Parents of Children with Disability. *Journal of autism and developmental disorders*.

Stafford, L. (2016). Marital Sanctity, Relationship Maintenance, and Marital Quality. *Journal of Family Issues*, 37(1).

Wang, Y., Song, J., Chen, J., Zhang, Y., Wan, Q., & Huang, Z. (2021). Examining the psychometric properties of the simplified Parenting Stress Index-Short Form with Chinese parents of children with cerebral palsy. *Social Behavior and Personality*，49(1).

Xiuyun，L.，Yulin，Z.，Peilian，C.，Wan，D.，A.，H. M.，Xiaoyi，F.，& Shousen，X. (2017). The Mutual Effect of Marital Quality and Parenting Stress on Child and Parent Depressive Symptoms in Families of Children with Oppositional Defiant Disorder. *Frontiers in Psychology*.

柴彩霞,冯喜珍,刘丽萍,&陈红香.(2020).小学生父母的期望与教养压力的关系:父母教养能力感的中介效应.中国健康心理学杂志,28(10),1514-1518.

程灶火,谭林湘,杨英,林晓虹,周岱,蒋小娟,…尉迟西翎.(2004).中国人婚姻质量问卷的编制和信效度分析.中国临床心理学杂志(03),226-230.

丁彦华.(2014).父母婚姻质量与儿童心理发展的关系.中小学心理健康教育(22),4-6+10.

杜雨茜,左志宏,&席居哲.(2020).3～6岁幼儿父母教养效能感现状调查——以上海市为例.幼儿教育(15),11-15.

冯洁.(2019).特殊儿童父母亲职压力、亲职效能与心理健康的相关性—亲职压力的干预研究.(硕士).广州大学.

关文军,胡梦娟,&王春晖.(2019).智力残疾儿童父母亲职压力、社会支持和婚姻质量的关系研究.残疾人研究(04),25-32.

江虹,谢经汤,丁娟,雷震,&潘芳.(2014).亲职压力对心理健康的影响:应对方式和家庭功能的中介和调节作用.山东大学学报(医学版),52(11),81-85.

蒋娜娜.(2018).特殊儿童父母亲职压力、应对方式与婚姻质量的现状及关系研究.(硕士).重庆师范大学.

蒋娜娜,&李海军.(2020).特殊儿童父母亲职压力与婚姻质量关系研究.现代特殊教育(02),50-54.

蒋诺.(2019).母亲守门态度对父亲参与教养的影响.(硕士).南京师范大学.

雷秀雅,杨振,&刘愫.(2010).父母教养效能感对自闭症儿童康复的影响.中国特殊教育(04),33-36+46.

李晓巍,&魏晓宇.(2017).父亲参与的现状及其与幼儿社会能力的关系——母亲教养效能的中介作用.北京师范大学学报(社会科学版)(05),49-58.

李艳兰.(2010).自我效能感、婚姻调适、职业压力与中小学班主任主观幸福感的关系.中国临床心理学杂志,18(03),363-365+368.

李渊柏,王岩,&王大华.(2018).老年人神经质与抑郁、焦虑的关系:婚姻满意度的调节作用.老龄科学研究,6(12),39-48.

李媛,方建群,马欣荣,赵彩萍,&张朝霞.(2011).孤独症儿童家长亲职压力与人格特征的相关性研究.宁夏医科大学学报,33(12),1167-1169+1174.

李媛,方建群,&赵彩萍.(2015).孤独症儿童母亲自我效能感、社会支持与亲职压力的相关性研究.宁夏医科大学学报,37(11),1309－1312.

刘广增,张大均,朱政光,李佳佳,&陈旭.(2020).家庭社会经济地位对青少年问题行为的影响:父母情感温暖和公正世界信念的链式中介作用.心理发展与教育,36(02),240－248.

罗家涞.(2018).学龄前孤独症儿童父母亲职压力、应对方式和自我效能感的关系探究.(硕士).浙江工业大学.

彭咏梅,刘琴,&周世杰.(2012).父母教养能力感量表在中国小学生父母中的因素结构研究.中国临床心理学杂志,20(02),162－164＋210.

秦秀群,唐春,朱顺叶,梁亚勇,&邹小兵.(2009).孤独症儿童母亲的亲职压力及相关因素研究.中国心理卫生杂志,23(09),629－633.

舒首立,池.A.桑.A.(2020).大学生专业内部动机与主观幸福感的关系:专业投入与主观专业成就的中介作用.心理发展与教育,36(04),477－485.

汪鑫鑫,王娟,谢晗,&孙鹏.(2020).自闭症儿童母亲的教养自我效能感、社会支持与主观幸福感的关系.心理技术与应用,8(06),353－358＋365.

王娟,屈娇娇,&吴婧轩.(2019).自闭谱系障碍儿童母亲的教养效能感对其亲职压力的影响:母亲参与教养的中介作用.幼儿教育(36),34－38.

王斯麒,赵彬璇,&吴红.(2019).父母婚姻质量对儿童问题行为的影响:父母消极情绪表达和教养效能感的链式中介.Paper presented at the 第二十二届全国心理学学术会议,中国浙江杭州.

王巍.(2012).青年军官婚姻质量与主观幸福感的关系研究.中国健康心理学杂志,20(01),35－37.

王雯,&李晓丽.(2008).婚姻质量对人身心健康与工作质量的影响.中国性科学(04),15－17.

王玉霞.(2010).已婚职业女性主观幸福感和婚姻质量的关系研究.(硕士).西北师范大学.

温忠麟,&叶宝娟.(2014).中介效应分析:方法和模型发展.心理科学进展,22(05),731－745.

邢占军,&金瑜.(2003).城市居民婚姻状况与主观幸福感关系的初步研究.心理科学(06),1056－1059.

阳泽,&陈明英.(2017).听障儿童父母教养效能感与教养期望的关系:对儿童自主信任的中介作用.中国特殊教育(03),53－58.

杨兢.(2006).初中生父母教养效能感心理干预研究.(硕士).西南大学.

叶妍,符明弘,&陈瑶.(2014).国内关于父母教养效能感研究的文献综述.青年与社会(01),296－297.

曾秀虹.(2020).父母参与及其与幼儿问题行为的关系研究:教养效能感的中介作用.(硕士).西南大学.

张晓,李龙凤,白柳,&陈英和.(2017).父母婚姻质量对青少年行为的影响:父母教养能力感的中介作用.心理与行为研究,15(02),240－249.

赵彬璇.(2021).婚姻关系与育儿:婚姻质量与教养能力感的关系研究.家庭科技(04),19－

20.

赵美玉.(2006).教师婚姻质量与心理健康状况及其相关性研究.护理学杂志(23),18-20.

周浩,&龙立荣.(2004).共同方法偏差的统计检验与控制方法.心理科学进展(06),942-950.

周红伟.(2013).青年女医生的婚姻质量与主观幸福.中国健康心理学杂志,21(06),874-875.

周沫.(2008).论主观幸福感对婚姻质量的影响.(硕士).河北大学.

朱丽娟,张守臣,张亚利,王湃,赵思琦,&安连超.(2020).家庭社会经济地位与自闭症儿童父母亲职压力的关系：亲职胜任感的调节作用.中国特殊教育(02),43-48.

邹盛奇,&伍新春.(2019).青少年家庭协同教养与父母主观幸福感的关系——基于 *APIM* 的分析.Paper presented at the 第二十二届全国心理学学术会议,中国浙江杭州.

四、差异检验范文（部分）

4.4 初中生学业自我效能感的基本情况及差异分析

4.4.1 初中生学业自我效能感的基本情况

通过对初中生学业自我效能感的各个维度进行描述性统计,得到的结果如表 4-18 所示：

表 4-18 学业自我效能感的描述性统计结果（N=471）

变量	项目数	最小值	最大值	*M*	*SD*
学习能力	6	1	4	2.78	0.51
学习行为	6	1	4	2.62	0.29
效能感总分	18	1	4	2.74	0.40

由表 4-18 可知,初中生学业自我效能感的平均值高于量表理论的平均值（M=2.5,量表采用 4 点计分）,处于较中等较高的水平；在学业自我效能感中的学习能力维度的平均值为 2.78,平均值最高,学习行为维度的平均值为2.62,平均值最低。

4.4.2 初中生学业自我效能感在人口学变量上的差异分析

4.4.2.1 不同性别初中生学业自我效能感 T 检验

表4-19　不同性别初中生学业自我效能感 T 检验结果（N=471）

变量	性别	M	SD	T
学习能力	男	2.82	0.50	1.51
	女	2.75	0.52	
学习行为	男	2.64	0.28	1.41
	女	2.60	0.29	
总分	男	2.75	0.38	0.58
	女	2.72	0.42	

从表4-19可以看出，不同性别初中生在学业自我效能感各维度中，学习能力维度和学习行为维度并没有显著差异，总体及各维度上，学业自我效能感水平均在中等偏高水平。

4.4.2.2　不同年级初中生学业自我效能感 F 检验

采用单因素方差分析法对初中生学业自我效能感的年级差异进行检验，结果如表4-20所示，初中生学业自我效能感总分及学习能力自我效能感维度均有显著性差异（F=7.18，$p<0.001$）。在学习能力维度，不同年级的学生有统计学差异，初一年级的学生的学习能力显著高于初二和初三。在学业自我效能感总分维度，初一年级学生的学习能力显著高于初三和初二。

表4-20　初中生学业自我效能感在年级上的差异（N=471）

变量	年级	M	SD	F	SNK
学习能力	初一	2.88	0.57	4.58*	1>2、3
	初二	2.74	0.46		
	初三	2.73	0.49		
学习行为	初一	2.63	0.28	0.17	2>1、3
	初二	2.63	0.27		
	初三	2.61	0.30		
总分	初一	2.83	0.44	7.18***	1>3、2
	初二	2.69	0.36		
	初三	2.74	0.38		

4.4.2.3　不同生源地初中生学业自我效能感 T 检验

从表 4‑21 可以看出,不同生源地初中生在学习能力自我效能感维度上有显著差异($T=3.32,p<0.001$),在学习行为自我效能感维度上有显著差异($T=2.34,p<0.05$),在学业自我效能感总分维度中有显著差异($T=3.27,p<0.001$),总体及各维度上,初中生学业自我效能感均是城市高于农村。

表 4‑21　不同生源地初中生学业自我效能感 T 检验结果($N=471$)

变量	生源地	M	SD	T
学习能力	城市	2.89	0.51	3.32***
	农村	2.73	0.50	
学习行为	城市	2.66	0.30	2.34*
	农村	2.59	0.28	
总分	城市	2.82	0.40	3.27***
	农村	2.69	0.40	

4.4.2.4　独生子女初中生学业自我效能感 T 检验

从表 4‑22 可以看出,是否为独生子女在初中生学业自我效能感各维度中没有显著差异,学习能力自我效能感维度上为非独生子女高于独生子女,学习行为自我效能感维度上是独生子女高于非独生子女,总体维度上初中生学业自我效能感维度上是非独生子女高于独生子女。

表 4‑22　独生子女初中生学业自我效能感 T 检验结果($N=471$)

变量	独生子女	M	SD	T
学习能力	是	2.73	0.53	−1.37
	否	2.80	0.50	
学习行为	是	2.64	0.30	0.72
	否	2.62	0.28	
总分	是	2.68	0.40	−1.87
	否	2.76	0.40	

4.4.2.5　班干部初中生学业自我效能感 T 检验

从表 4‑23 可以看出,班干部与否在初中生学业自我效能感的学习行为维度中有显著差异($T=3.26,p<0.001$),在自我效能感总分维度中有显著差异($T=6.43,p<0.001$),整体水平上,初中生学业自我效能感各维度上是均是班

干部高于非班干部。

表 4-23　班干部女初中生学业自我效能感 *T* 检验结果($N=471$)

变量	班干部	*M*	*SD*	*T*
学习能力	是	2.99	0.46	0.60
	否	2.70	0.51	
学习行为	是	2.68	0.23	3.26***
	否	2.60	0.30	
总分	是	2.91	0.36	6.43***
	否	2.66	0.39	

4.4.2.6　父亲文化程度初中生学业自我效能感 F 检验

采用单因素方差分析法对初中生学业自我效能感的父亲文化程度差异进行检验,结果如表 2-24 所示,初中生学业自我效能感总分及各维度没有显著性差异。

表 4-24　父亲文化程度初中生学业自我效能感 *F* 检验($N=471$)

变量	父亲文化程度	*M*	*SD*	*T*
学习能力	小学	2.68	0.56	1.46
	初中	2.76	0.50	
	高中	2.81	0.53	
	大学	2.92	0.45	
学习行为	小学	2.56	0.34	1.04
	初中	2.62	0.29	
	高中	2.62	0.27	
	大学	2.69	0.23	
总分	小学	2.65	0.40	1.03
	初中	2.73	0.40	
	高中	2.74	0.41	
	大学	2.83	0.34	

4.4.2.7　母亲文化程度初中生学业自我效能感 F 检验

采用单因素方差分析法对初中生学业自我效能感的母亲文化程度差异进

行检验,结果如表 4 - 25 所示,初中生学业自我效能感总分及各维度没有显著性差异。

表 4 - 25　母亲文化程度初中生学业自我效能感 *F* 检验(*N*＝471)

变量	母亲文化程度	*M*	*SD*	*T*
学习能力	小学	2.74	0.44	
	初中	2.79	0.51	
	高中	2.75	0.53	0.41
	大学	2.84	0.42	
学习行为	小学	2.61	0.30	
	初中	2.63	0.30	
	高中	2.59	0.28	0.68
	大学	2.66	0.17	
总分	小学	2.72	0.35	
	初中	2.75	0.41	
	高中	2.71	0.41	0.39
	大学	2.74	0.32	

参考文献

侯杰泰,邱炳武,常建芳.心理与教育论文写作方法、规则与实践技巧[M].北京:中国人民大学出版社,2019.

吴明隆.问卷统计分析实务:SPSS操作与应用[M].重庆:重庆大学出版社,2010.

阎晓军.教育科研方法案例与操作[M].北京:北京师范大学出版社,2018.

荣泰生.Amos与研究方法[M].重庆:重庆大学出版社,2019.

武松,潘发明.SPSS统计分析大全[M].北京:清华大学出版社,2019.

刘江涛,刘立佳.SPSS数据统计与分析应用教程[M].北京:清华大学出版社,2017.

郑日昌,吴九君.心理与教育测量[M].北京:人民教育出版社,2016.

马晓春,李爱娟.教育研究方法[M].北京:北京师范大学出版社,2018.

袁振国.教育研究方法[M].北京:高等教育出版社,2008.

张厚粲,徐建平.现代心理与教育统计学[M].北京:北京师范大学出版社,2019.

王孝玲,赵必华.教育统计学[M].北京:北京师范大学出版社,2018.

董奇.心理与教育研究方法[M].北京:北京师范大学出版社,2019.

张其志,王剑兰.教育科学研究法[M].北京:北京师范大学出版社,2017.